吉本隆明『心的現象論』の読み方

新版

Uda Ryoichi
宇田亮一

αβ BOOKS
アルファベータブックス

本書は、二〇一一年に刊行された『吉本隆明『心的現象論』の読み方』（文芸社）を一部修正し、「補章」と「新版あとがき」を加えたものになります。

はじめに

本書は吉本隆明さんの「心の見取り図」について述べたものです。最初に、なぜ私がこの「心の見取り図」と向き合うことになったかという経緯《いきさつ》を書いておきたいと思います。

私は三十数年間のサラリーマン生活に区切りをつけたのち、臨床心理士を目指した人間です。「残された人生を、臨床心理士として社会とかかわりたい」と志し、大学院へ進学したのです。にもかかわらず、入学後、すぐに困惑することになります。なぜなら心理療法理論があまりにも多すぎたからです。

精神分析、ユング心理学、アドラー心理学、自己心理学、クライエント中心療法、実存主義的心理療法、ゲシュタルト療法、交流分析、行動療法、認知療法、認知行動療法、イメージ療法、催眠療法、芸術療法、家族療法、ブリーフセラピー、ナラティブ・セラピー、集団療法などなど……。

学びながら、私はこれらの理論を本当に理解できるのだろうかと考えざるをえませんでした。もっといえば、世の中になぜ心理療法が200から300も存在するのかまったく理解できなかったのです。

「〝心の世界〟は宇宙空間のように無限の時空から成り立っている。だから、〝心の世界〟に関する理論的仮説はたくさんあって当然だ」といういい方はできるかもしれません。また、「自分自身が使いやすい理論をひとつ身につけておけば、それでいいんだよ」といういい方も、あるいは「場面場面で理論をうまく使い分けることが大切なんだ」といういい方もできるかもしれません。しかし、元来不器用な私には、とてもそのような立ちまわりはできそうもなかったのです。

実際に私が一番悩んでいたことは、心理臨床の現場にどのような理論的背景を持って臨めばいいのか、あるいは理論的背景など持たずにフリーハンドで臨めばいいのか、ということでした。心に悩みを持つ人にとって本当に役立つことは何なのかということが、私にはわからなかったのです。いいかえれば、私は自分の心理臨床の場に確かな〝根拠〟がほしかったのです。

非常に大雑把ないい方をすれば、現在、心理療法の世界には〝精神分析〟と〝認知行動療法〟という2つの対極的な立場があります。人間の心をとらえるうえで大切なことは〝無意識〟なのか、あるいは〝行動〟〝認知〟なのかという立場の違いです。ひとりの臨床心理士としていえば、〝精神分析〟と〝認知行動療法〟という対極的な考え方を自分自身がどのように噛み砕き、最終的にどのような構えで臨床現場に臨むのかが問われることになるのです。私はこの課題を自分自身でしっかり噛み砕けない限り、「臨床心理士として自信をもって仕事はできない」とこれまで感じてきましたし、今もそう思っています。

こうした私の問題意識に真正面から応えてくれたのが『心的現象論』でした。読み始めて、最初に「あぁ、そうか！」と思ったのは、知覚を時間、空間で定義づけるという方法でした。見事だと思いました。しかし、何よりもひきこまれたのは、〝ヒトの心〟を対人関係の視点からとらえるという発想でした。

もちろん、〝ヒトの心〟を対人関係から考察することはめずらしいことではありません。精神科医サリヴァンの「精神医学は対人関係論である」という考え方もそうですし、心理療法の対人関係療法もそうした考え方に基づくものだといえます。しかし、吉本さんの〝対人関係論〟には際立った独創があります。それは、ヒトの対人関係を3つに明確に分けたことです。特筆すべきことは、〝自分自身との関係〟を対人関係に位置づけたことであり、他者との対人関係を〝二者関係〟と〝集団的関係〟に分けたことです。これらの対人関係は吉本さんの用語にそっていえば「個人幻想」「対幻想」「共同幻想」という概念に対応するのですが、この視点によって、私は〝精神分析〟と〝認知行動療法〟の両方を、自分の中にしっかりと根づかせることができたのです（詳しくは第3章を参照してください）。

『心的現象論』を読み終えた時、無性に何かを書きたいと思いました。当初、その衝動が何なのかよくわからなかったのですが、書き始めてようやく気がつきました。私は「個人幻想」「対幻想」「共同幻想」という吉本さんの〝対人関係論〟を、まるで磁石のように使って、心理学の諸概念を引き寄せてみたかったのです。この磁石で引き寄せると、どんなことが起きるのか試してみたかったのです。

いいかえれば、〝心理学の世界〟と〝心的現象論の世界〟との間に橋を架けてみたいと思ったのです。私は何かに憑かれたように橋を架けてみました。私が架けた橋はちっぽけな仮設の橋にすぎません。にもかかわらず、橋を往き来することでみえる景色はすばらしかったのです。私はその景色のすごさに目を見張ったのです。

『心的現象論』は、一部ではすでに過去の遺物のようにいわれていますが、間違いなく〝生きて〟います。〝生きて〟いるどころか、混迷する今だからこそ必要な書物なのだと思うのです。それが、〝本当なのかどうか〟は、本書を読んでくださる皆さんの判断に委ねたいと思います。

本書を書くうえで、ひとつだけこだわったことを述べておきたいと思います。それは吉本さんの考え方を徹底的に嚙み砕こうとしたことです。吉本さんの考え方を、できればビジネス文書のように簡潔でわかりやすく嚙み砕きたいと思ったのです。「うまくやれたのか」と問われれば心もとないのですが、そのことだけはずっと手放さずに取り組んだのは本当のことです。

そのため、本書は『心的現象論』を吉本さんが記した順序にそって説明するという方法を採りませんでした。吉本さんが記した順序にそって『心的現象論』の中を歩けば、〝広大な荒野をあてどなくさまよう〟ことになるからです。吉本さんが歩んだ苦難の日々を追体験したいという方には、もちろんそのやり方をお勧めします。しかし、本書では『心的現象論』の根幹にある「個人幻想」「対幻想」「共同幻想」とは一体何なのか、ということを主要なテーマとして『心的現象論』の中を歩くことにしました。そのことをお断りしておきたいと思います。

新版　吉本隆明『心的現象論』の読み方　目次

第4章 『心的現象論』には知恵が詰まっている 155

第1章　〝心〟をどうとらえるか

本章では、まず吉本さんが「心をどうとらえたか」を述べたいと思います。心の枠組み、構造といった吉本さんの基本的な考え方を説明し、次章以降で吉本さんの考え方が私たちの暮らしの中で、どのように役に立つのかを述べていきます。

吉本さんの考え方を把握するには、吉本さん独自の用語を理解する必要があります。吉本さんの用語は一見とっつきにくく難解にみえますが、中身はとてもシンプルです。

〈1〉〝ヒトの心〟と〝ネコの心〟の違い

〝ヒトの心〟と〝ネコの心〟とはたぶん違う、このことに誰も異論はないはずです。しかし、どこがどう違うのかということになると、たちまち難しい話になります。吉本さんは、この問題を空間、時間、原生的疎外、純粋疎外という4つの用語を使って説明しています。

今、ネコがネズミを追いかけているとします。この時、ネコの〝心の動き〟をどうとらえればよいのでしょうか?

吉本さんはこう考えます。ネコの〝心の動き〟は、2つのプロセスに分けて考えればよいと。まず、最初のプロセスは、〝ネズミの像〟を刺激として受け入れるプロセスで、もう1つのプロセスは、受け入れた〝ネズミの像〟を了解（理解）するプロセスであると。

吉本さんは、最初の〝ネズミの像〟を受け入れるプロセスを「空間化（関係づけるプロセ

図1 “ネコの心”＝「原生的疎外」

ス）」という言葉で説明し、受け入れた〝ネズミの像〟を〈ネズミ！〉とわかるプロセスを「時間化（了解するプロセス）」という言葉で説明します。吉本さんの用いる空間化（関係づけ）とは〝刺激を受け入れるプロセス〟のことであり、時間化（了解）とは〝了解する（わかる）プロセス〟のことだと考えてください。

神経生理学的にいうと、ネコの目（視覚）がネズミをターゲットとしてとらえてから〝ネズミの像〟がネコの目の網膜に映し出されるところまでが「空間化（関係づけ）」、刺激受け入れのプロセスであり、ネコの目の網膜上に映し出された〝ネズミの像〟が視神経を通じて脳の視覚中枢に送られ、脳内で再構成されることによってネコが〈ネズミだ！〉とわかるところまでが「時間化（了解）」のプロセスということになります（**図1**）。

ここでは、視覚（ネコの目）を取り上げましたが、聴覚・触覚・味覚・嗅覚も視覚と同じように時間、空間で取り扱うことができます。ただし、それぞれの感覚には固有性があるため、吉本さんはこれらの違いを空間化度、時間化度という概念で取り扱うのですが、ここではそのことについては深入りしません。ここではとりあえず、吉本さんは〝心の動き〟を空間、時間でとらえるんだと理解しておいてください。

ネコとネズミの話に戻ります。ネコがネズミを追いかける時、当然のことながらネズミそのものが存在しなければ、ネコはネズミを対象としてとらえることはできません。ネズミが存在することが、ネコの〝心の動き〟の前提となっています。さらにいえば、ネズミの存在はネコの感覚器官（おもに視覚）がとらえています。この感覚器官がネコに存在しなければ、ネコはネズミをターゲットとしてとらえることはできないのです。

つまり、ネコがネズミを〝ネズミ〟とわかるまでの〝心の動き〟は、ネズミの存在やネコの感覚器官（視覚）の存在を抜きにして考えることはできないのです。このことを一般化すれば、ネズミの存在は「外界」に置きかえられ、ネコの感覚器官はネコの「身体」に置きかえられます。そうすると、ネズミという「外界」とネコの「身体」が共に存在することで、〝ネコの心〟は動き始める、ということになります。

ただし、ネコの〝心の動き〟はネズミそのもの（外界）でもなければ、ネコの身体（感覚器官）そのものでもありません。だとすればネコの〝心の動き〟は、いわば、ネズミという外界とネコの身体との〝はざま〟に存在している、としかいいようがなくなります。これが〝心〟というものの基本的な姿です。留意していただきたいのは、心は身体の中に存在しているのではなく、「身体」と「外界」とのはざまに存在しているということ、つまり、吉本さんは「心は脳の中に存在している」という考え方を一蹴しているのです。そして、吉本さんはこうした〝心〟の存在の仕方を「原生的疎外」とよんだのです。「原生的疎外」とは、動植物を含めた生き物一般の普遍的な〝心のあり方〟をさしていて、「生命体はただ生命体という理由で、原生的疎外の領域をもっている」のです。

「疎外」という言葉に慣れていない人は、「疎外」の意味を次のように考えてください。〝心の世界〟は「外界」と「身体」から生まれてきたといえるのに、〝心〟を外界そのもの、あるいは身体そのものに還元することはできない。このことを〝疎外〟というんだと。

吉本さんは「原生的疎外」について、次のように語っています。

> この概念によって人間の心的な世界が、自己の〈身体〉の生理的な過程からおしだされた位相と、現実的な環界からおしだされた位相との錯合としてあらわれること、そして、このふたつの位相は分離できないとしてもなお、混同すべきでない異質さをもっているこ

と、などを明確にしめせるものとかんがえたのだけは確かである。

（『心的現象論序説』Ⅱ　1　原生的疎外の概念を前景へおしだすために）

「時間（了解）」、「空間（関係）」については、吉本さんは次のように説明します。

生理体としての人間の存在から疎外されたものとしてみられる心的領域の構造は、時間性によって（時間化の度合によって）抽出することができ、現実的な環界との関係としての人間の存在から疎外されたものとしてみられる心的領域の構造は、空間性（空間化の度合）によって抽出することができる（後略）

（『心的現象論序説』Ⅱ　2　心的な領域をどう記述するか）

ここまでの内容を要約すれば、次のとおりになります。

〝生き物一般（動物）の心〟の枠組みを「原生的疎外」とよぶ。「原生的疎外」は、構造としてみれば2つのプロセスから成り立っている。1つは外界の対象物を刺激としてとらえるプロセスであり、もう1つはとらえた対象物を了解するプロセスである。前者のプロセスを「空間化（関係づけ）」とよび、後者のプロセスを「時間化（了解）」とよぶ、ということです。

　このことを踏まえて、いよいよ〝ヒトの心〟は〝生き物一般の心〟とどこが違うのか、という本題に入ります。ここでいう〝ヒトの心〟とは、ヒトだけが持つ心のことだと考えてください。

　吉本さんは〝ヒトの心〟の枠組みを〝生き物一般の心〟の枠組みと区別するために「原生的疎外」ではなく「純粋疎外」という言葉を用います。また、〝ヒトの心の動き〟を〝生き物一般の心の動き〟と区別するために「空間性（関係性）」、「時間性（了解性）」ではなく、「固有空間性」、「固有時間性」という言葉を用います。

　このことを具体的に説明したいと思います。ネコとネズミの場面にもどります。ネコがネズミを追いかける時、ネコは、〈ネズミ〉を視ていますが、仮にこの場面でネコではなく、ヒトがネズミを視ているとすれば、ヒトは〈ネズミ〉を視ているのではなく、〈ネズミがいること〉を視ている、と吉本さんはいいます。この表現は難しいです。普通の言葉にしにくいのですが、ネコは〝外界にいるネズミ〟を視ているが、ヒトは〝心の中のネズミ〟を視ている、ということです。比喩的にいえば、ネコはネズミを〝写真〟のように視ているが、ヒトはネズミを〝絵画〟のように視ているのです。

　いいかえれば、ネコは〈ネズミ〉をネコの本能（刺激―反射）で視ているのに対して、ヒトは〈ネズミ〉を多様な了解を重ねながら視ている、ということになります。ヒトがネズミを

〈でかい！〉とか、〈気味が悪い〉と感じたとすれば、そのとらえ方がヒト独特のとらえ方だということになるのです。こういえば、きっと反論があるでしょう。ネコだって、その場のその瞬間に、ネズミを〈捕まえたい〉とか〈食べたい〉という了解の仕方をするだろう、と。一体どこが違うのか。同じじゃないか、と。もっともな話です。ヒトの〈でかい！〉〈気味が悪い〉という了解の仕方と、ネコの〈捕まえたい〉〈食べたい〉という了解の仕方とはよく似ています。

しかし、よく考えてみればネコの空腹時の了解の仕方は「〈ネズミ〉＝〈捕まえたい〉＝〈食べたい〉」という図式の中にあり、正確にいえば了解というよりも反射の連鎖です。本能そのものによる反射連鎖です。いわば、〈ネズミ〉〈捕まえたい〉〈食べたい〉は、ネコにとっては同義語としてあらわれるのです。ヒトは、ある時はネズミを追っぱらったり、ある時はネズミを無視したり、ある時は殺そうとします。ここに「原生的疎外」と「純粋疎外」の違いが生じるのです。つまり、「原生的疎外」とは〝刺激─反射連鎖〟の心であり、「純粋疎外」とは〝多義的な意味づけ・価値づけ〟の心なのです。〝ネコに小判〟という言葉がありますが、小判はネコの〝刺激─反射連鎖〟の心には何の意味も持ちません。〝多義的な意味づけ・価値づけ〟の心においてのみ意味をもつのです。

吉本さんは、このことを次のように語っています。

動物は、対象が感官にやってきたときに、行動的に反射するだろう。このばあいには対象は、あたかもひと塊でやってきて瞬間的に識知される。この識知には、対象がかくかくのものであるという空間的な一義性が含まれているが、対象がかくかくのものであることがもたらす可能的な多義性は含まれていない。

（『心的現象論本論』了解論　43　了解と時間性論）

吉本さんは、ここで動物の了解の仕方には〈対象がかくかくのものであるという空間的な一義性が含まれている〉と述べていますが、これは、先ほどの例でいえば〈ネズミを捕まえて食べたい〉ということになります。逆に〈対象がかくかくのものであることがもたらす可能的な多義性は含まれていない〉と述べている意味は、ヒトの了解の仕方のように、動物はいろんな意味づけや価値づけをすることはできないということになります。先ほどの例でいえば〈でかい！〉とか〈気味が悪い〉と感じたことが多義性に該当します。

ある人にとっての〈でかい！〉とか〈気味が悪い〉とかいう感じ方は、他のある人にとっては〈キャー！〉だったかもしれないし、他のある人にとっては〈こん畜生！〉だったかもしれないし、他のある人にとっては〈よっしゃ！〉だったかもしれない。そういう意味で、ヒトの意味づけや価値づけは多義的です。それぞれの人独自の固有性を持った関係の仕方、了解の仕方がありうるのです。吉本さんは、こうしたヒトの多義的な心の動きを生き物一般の心の動きと区別して「固有空間性」「固有時間性」とよんだのです。いいかえれば、ヒトと生き物一般の〝心の動き〟の違いは、空間性、時間性の違いだということができます。

私たちは今、〝ヒトの心〟と〝生き物一般の心〟の違いについて、本質的なことに触れているはずですが、この違いをさらにメカニズムとして端的にえぐり出してみたいと思います。もう一度、〝ネズミ〟をめぐる〝ヒト〟と〝ネコ〟の意味づけ・価値づけの違いに焦点をあててみましょう。ネコのネズミに対する意味づけ・価値づけは単純であり、ヒトのネズミに対する意味づけ・価値づけは多義的であるということは、すでにみてきたとおりです。ここでは、ヒトのネズミに対する多義的な意味づけ・価値づけをメカニズムとしてとらえてみたいのです。少しややこしい話になりますが〈時間を空間に転化する〉という吉本さんの考え方を理解していただけたらと思います。〈ネズミがいる〉〈でかい！〉〈気味が悪い〉という了解の仕方を順に追いかけることで〈時間を空間に転化する〉という意味を説明します。

まず最初に、ヒトはネズミをターゲットとしてとらえた（＝空間化、関係づけ）のちに〈ネズミがいる〉ことを了解します（＝時間化）。すると次の瞬間（あるいは同時に）、ヒトは〈ネズミがいる〉という了解そのものをターゲットとしてとらえて（＝空間化、関係づけ）、〈ネズミがいる。でかい！〉という了解（＝時間化）にいたります。さらに〈ネズミがいる。でかい！〉という了解そのものをターゲットとしてとらえて（＝空間化、関係づけ）、〈ネズミがいる。でかい！　気味が悪い〉という了解（＝時間化）にいたります。つまり、〝ヒトの心〟は「時間」（了解する、わかる）を「空間」（関係づける、対象化する）に転化することができるのです（図２）。

いいかえれば、〝生き物一般の心（「原生的疎外」）〟は外界を空間化し時間化することで成立する世界ですが、〝ヒトの心（「純粋疎外」）〟は〝生き物一般の心（原生的疎外）〟そのものを空間化し時間化することで成立する世界なのです。

『心的現象論序説』はいろいろな切り口で読むことができますが、〈時空転換〉という切り口はその中でも鍵概念《キーコンセプト》になります。橋爪大三郎さん（社会学）は、このことを『『心的現象論』は物理学になぞらえていえば、量子力学のようなものだ」と述べています。ただし、本書ではこの鍵概念についてもこれ以上は立ち入りません。

「原生的疎外」「空間性」「時間性」と「純粋疎外」「固有空間性」「固有時間性」との違いを理解していただけたでしょうか。「純粋疎外」は、〝観念そのものの世界〟という意味ではフッサールの「現象学的還元」によく似てはいますが、実はまったく異なるものです。その違いは、「現象学的還元」が外界や身体をいったん排除するのに対して、「純粋疎外」は外界と身体を排除しないことにあります。先ほどの例でいえば、「現象学的還元」では〝心の中のネズミ〟だけが実在することになりますが、「純粋疎外」では〝心の中のネズミ〟の前提となる〝ネズミ〟の存在も、それを視ているヒトの身体の存在も排除しないのです。ここに考え方の大きな違いがあります。現象学が〝心〟をそのまま取り出そうとするのに対して、「純粋疎外」は〝心〟を関係の中で取り出そうとするのです。

いずれにしても〝生き物一般の心〟と〝ヒトの心〟とのメカニズムの違いは、たったこれだけの違いなのです。「なーんだ、そんなことか」と言われるかもしれません。しかし、この〈たったこれだけの違い〉は、とんでもない違いでもあるのです。この違いによって、〝ヒトの心〟は〝生き物一般の心〟そのものを「空間化」(関係づける、対象化する)しうるし、「時間化」(了解する、わかる)しうるのです。つまり、〝心で心をとらえる〟のです。これはたとえていえば「目で目を視る」ことにほかなりません。それは、まさに今、私たちがここで行おうとしていることになります。そう、今、私たちは「〝ヒトの心〟を使って、〝ヒトの心〟自体を視ようとしている」のです。

〝ヒトの心〟は、幸か不幸かこうした機能をもつがゆえに言語や歴史や宗教や文化を生み出すに至りました。また、〝フェティシズム〟や〝オタク〟といった意味づけ・価値づけをも生み出したのです。だから、ヒトは「本能の壊れた動物」ともいえますし、「無限の欲望を持っ

図2 “ヒトの心”＝「純粋疎外」

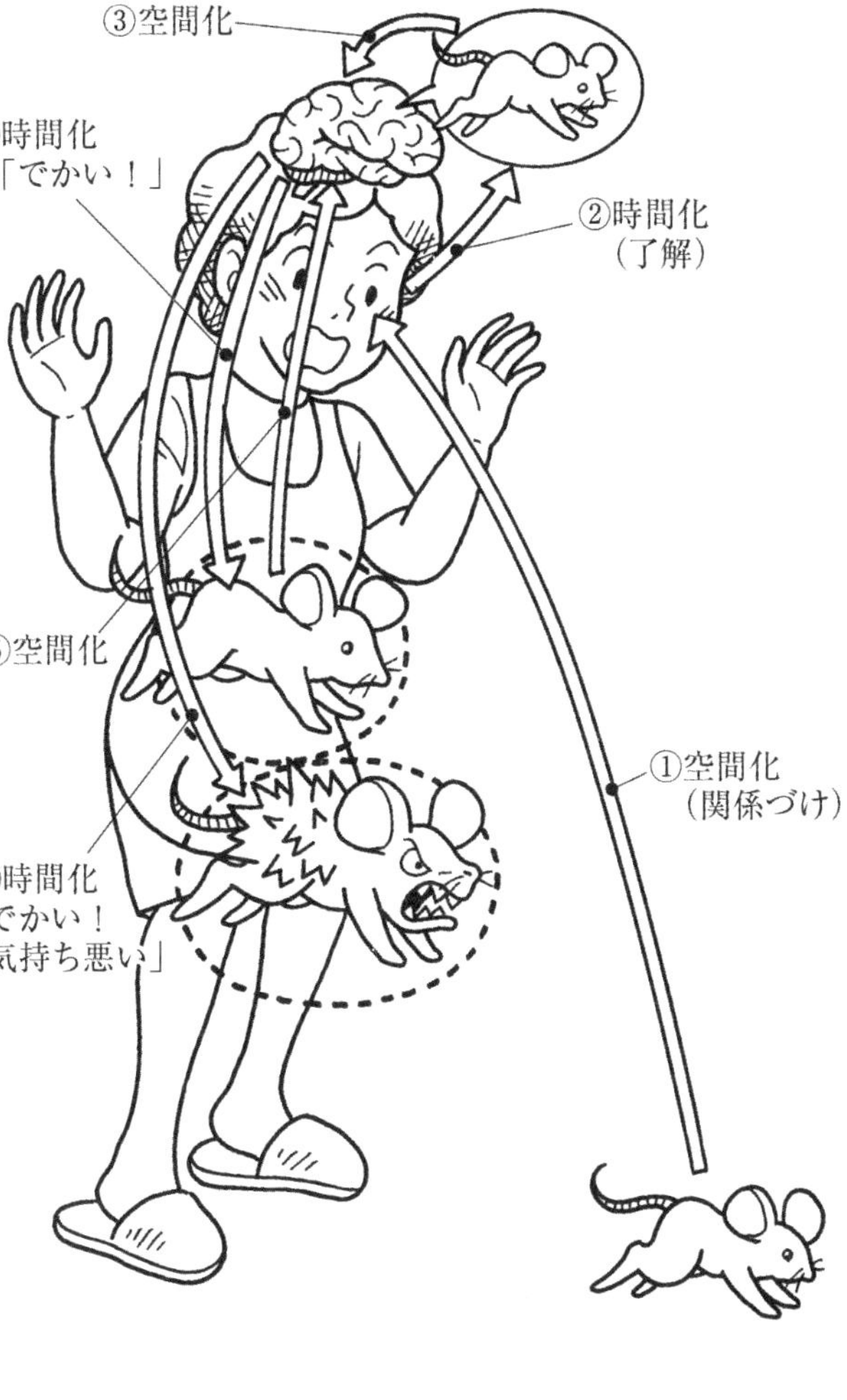
③空間化
④時間化
「でかい！」
②時間化
（了解）
⑤空間化
①空間化
（関係づけ）
⑥時間化
「でかい！
気持ち悪い」

た動物」ともいえます。また、一般の生き物にはない「〝心の不調〟を抱えこむ生き物」であり、時には「自殺さえも選択しうる生き物」なのです。

その根源には〝たったこれだけの違い〟があるのです。

しかし、そもそもなぜ「原生的疎外」と「純粋疎外」という抽象的でややこしい概念を吉本さんは組み立てる必要があったのでしょうか。それは、この2つの心の質的な違いを定義づけない限り、〝心の世界〟に関する議論がごちゃごちゃになってしまうからです。たとえば実験心理学、神経生理学、行動療法などが取り扱う〝心の世界〟は「原生的疎外」のことが多いのですが、思想、哲学、文学などが取り扱う〝心の世界〟は「純粋疎外」のことが多いのです。この両者の〝心の世界〟の質的な違いをはっきり定義づけない限り、議論がいつもすれ違ってしまうのです。吉本さんは、この混乱を解消するために「原生的疎外」と「純粋疎外」という概念を生み出した、ということができます。「原生的疎外」と「純粋疎外」との違いを吉本さんは次のように述べています。

> 原生的疎外を心的現象が可能性をもちうる心的領域だとすれば、純粋疎外の心的な領域は、心的現象がそれ自体として存在するかのような領域であるということができる。
>
> (『心的現象論序説』Ⅲ　2　原生的疎外と純粋疎外)

わたしたちの純粋疎外の概念は原生的疎外の心的領域からの切断でもなければ、たんなる夾雑物の排除でもなく、いわばベクトル変容として想定されるということができる。

（『心的現象論序説』Ⅲ　２　原生的疎外と純粋疎外）

これまで述べてきたことを要約すれば、ヒトの〝心の世界〟は「原生的疎外」と「純粋疎外」というふたつの世界からなる、いわば二階建ての構造だということができます。

〈２〉「個人幻想」「対幻想」「共同幻想」

ヒトの〝心の動き〟は〈時間を空間に転化する〉ところに大きな特徴があることをみてきましたが、ここからさらにそのことを追いかけていきたいと思います。

吉本さんは『心的現象論本論』の中で、〝心の動き〟のひとつを「関係論」（空間論）として取り扱い、〝心の動き〟のもうひとつを「了解論」（時間論）として取り扱っているのですが、前者は『共同幻想論』につながり、後者は『言語にとって美とはなにか』につながることになります。つまり、『心的現象論本論』の「空間」と「時間」で吉本主要３部作が交錯することになるのですが、ここではまず最初に「関係論」（空間論）からみていきたいと思います。

吉本さんは、心的な〈関係〉について、次のように説明しています。

人間が心的にもつ〈関係〉は、じぶん自身との〈関係〉、じぶんと他者との〈関係〉、じぶんと世界（環界）との〈関係〉というように類別することができる。

（『心的現象論本論』関係論 24〈関係〉とは何か）

吉本さんがここで述べている〝対人関係〟の1つは、自分自身との関係、つまり他者が介在しない自分との関係世界のことになります。吉本さんは、これを「個人（自己）幻想」とよびました。いいかえれば、「自分自身との対話」「一個人としての意味づけ・価値づけの世界」のことになります。

もうひとつの対人関係は、自分と他者との1対1の二者関係（ペア）の世界のことになります。一般的ないい方をすれば性の世界ということになりますが、ここでいう二者関係（ペア）とは、性的関係だけをさしているのではありません。二者関係（ペア）の世界すべてをさしています。吉本さんは、これを「対幻想」とよびました。いいかえれば、「私とあなたとの対話」「私とあなたとの2人だけの意味づけ・価値づけの世界」のことになります。

さらにもうひとつの対人関係は、自分と社会との関係世界のことになります。一般的ないい

図3　「心の世界」（関係性の世界）

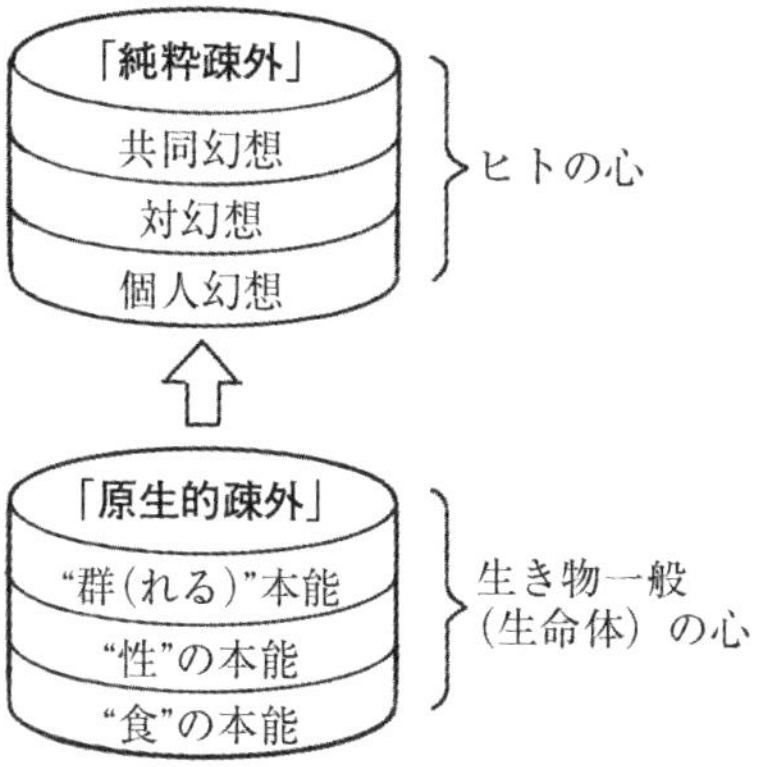

方をすれば、チーム、学校、企業、国家といった組織・集団との関係世界のことになります。吉本さんは、これを「共同幻想」とよびました。いいかえれば、「私と組織・集団との対話」「私と組織・集団との意味づけ・価値づけの世界」のことになります。この「個人幻想」「対幻想」「共同幻想」を「原生的疎外」「純粋疎外」に関係づけて、単純な図式化をすれば**図3**のとおりとなります。

　吉本さんは「この〝3つの対人関係〟は、まったく次元の異なる世界であり、このことを理解することが〝ヒトの心〟を解き明かす鍵だ」といいます。

　吉本さん独自の用語に慣れていない人は、まずここで「幻想」という言葉につまずくと思います。私たちは普段、「幻想」という言葉を、夢の世界、幻の世界、実際に存在しない虚構の世界といった意味で用います。だから、「幻想」という言葉を〝ヒトの心〟をあらわす言葉として用いることには違和感を感じると思います。

ここでは「幻想」とは、普通の言葉でいえば「観念」のことだと考えてください。あるいはもっと簡単にいえば「心」だといってもよいと思います。だから、「個人幻想」とは「個人観念」「個人の心」、「対幻想」とは「対観念」「対の心」、「共同幻想」とは「共同観念」「共同の心」だと考えてください。そして、「対幻想」と「共同幻想」とは、自他の心に一線を引くことができない心の状態のことになります。たとえば、恋愛や合唱や合奏、あるいはスポーツでの〝息の合った〟〝一体となった〟関係のことだと思ってください。

しかし、ここで突き当たっている問題は、おそらく「幻想」という単なる言葉や概念の問題ではなく、もっと深刻で本質的な問題のはずです。それは、吉本さんの考え方そのものが腑《ふ》におちるかどうか、という問題です。吉本さんは、ヒトの〝心の動き〟を解き明かす鍵は「個人幻想」「対幻想」「共同幻想」に着目することだといいますが、そういわれてもよくわかりません。なぜなら、私たちは普段の生活の中で、自分の心の中に「個人幻想」とか「対幻想」とか「共同幻想」とかいった区分を設けて生きているわけではないからです。ここでは〝3つの対人関係〟の例をあげておきます（図4）。

今、仕事帰りのOLが「うーん、お腹がすいた。ラーメンが食べたい」と思う時、彼女の心の中には「個人幻想」が前景に押し出されて、「対幻想」や「共同幻想」は後景に退いています。

図4 「3つの対人関係」

今、若い父親が自分の赤ちゃんをあやし、赤ちゃんがニコッと微笑み返す時、あまりの可愛らしさに「目に入れても痛くない」と思うでしょう。この時の親子の一体感において、彼の心の中には「対幻想」が前景に押し出されて、「個人幻想」や「共同幻想」は後景に退いています。今、野球場でひいきのチームが9回裏に劇的な逆転勝利をおさめたとします。あまりの嬉しさにファンが一斉に立ち上がり、見知らぬ隣の人と肩を組み、応援歌を大声で歌いました。この時の一体感、高揚感、開放感が「共同幻想」になります。ファンの心の中は「共同幻想」が前景に押し出されて、「個人幻想」や「対幻想」は後景に退いているということができます。

以上、3つの場面は、たった一人の〝ヒトの心〟で、すべて起こりうることなのです。〝ヒトの心〟の前景が、場面場面で入れ替わる。ある時は「個人幻想」だったり、ある時は「対幻想」だったり、ある時は「共同幻想」だったりする。しかし、私たちは今、心の前景が「個人幻想」なのか、「対幻想」なのか、「共同幻想」なのか、といったふうに意識しながら生きているわけではありません。だから、〝3つの対人関係〟というとらえ方には実感が伴わないのです。

このことは、とりあえず次のように考えてください。

〝ヒトの心〟は、あたかもカメレオンの皮膚《はだ》の色のように刻々と変化しているのだと。そして、カメレオン自身が自分の皮膚の色の変化に気づかないように、私たちも〝自分の心〟の変化に普段気づかないのだと。あるいは、車の運転でいえばオートマ車の運転にたとえることができます。運転者が気づかないうちにクラッチが自動的に切り替わっているのです。〝3つの対人関係〟の変化は、こうしたカメレオンの皮膚の色やオートマ車のクラッチの仕組みにたとえることができると考えてください。

ここでは、さらに「〝3つの対人関係〟とは一体何なのか」ということを心理学における対人関係と比較しながら考えてみたいと思います。心理学においても、〝対人関係〟はいうまでもなく重要なテーマです。しかし、吉本さんがいう〝対人関係〟と心理学のそれとは少し異なります。違いの1つは、吉本さんが〝自分自身との関係世界〟、つまり「個人幻想」を〝対人関係の1つ〟に位置づけたことにあります。もちろん、心理学にも「セルフエスティーム」「自己効力感」「自己肯定感」「自己評価」「自己親和性」といった〝自分自身との関係世界〟を示す概念があり、臨床心理学ではこれらの概念をふんだんに使っています。ただ、それを総体として「個人幻想」といった概念で語ることはしません。したがって、「個人幻想」をめぐる心理学と『心的現象論』の違いは、「個人幻想」を概念化することにどんな意味があるのか、ということになります。吉本さんにいわせれば、当然、概念化することに意味があるのですが、そのことは次章で具体的に説明したいと思います。

心理学とのもう1つの違いは、〝他者〟のとらえ方にあります。心理学の〝対人関係〟には「対幻想」「共同幻想」という用語に該当する概念は存在しません。つまり、〝二者関係〟と

〝集団関係〟を分けていないのです。心理学においては、〝他者〟とは〝一個人としての他者〟をさす場合もあれば、〝集団（複数）としての他者〟をさす場合もあります。臨床心理学においては、〝他者〟といえば〝一個人としての他者〟をさす場合が多く、「転移」「逆転移」「投影」「同一視」といった〝対人関係〟の概念が用いられます。これに対して、社会心理学においては、〝他者〟といえば〝集団としての他者〟をさす場合が多く、「集団凝集性」「集団心」「集団規範」（一般的には「集団心理」）といった〝対人関係〟の概念が用いられます。決して心理学が「転移」「逆転移」「投影」「同一視」という概念と「集団凝集性」「集団心」「集団規範」という概念をごっちゃにして使っているわけではありません。「二者関係と集団関係とはまったく異なる〝対人関係〟である」という考え方の枠組みがないだけなのです。つまり、心理学においては〝一個人としての他者〟と〝集団（複数）としての他者〟の違いを厳密に分けて定義する必要がないのです。たぶん、それは臨床心理学と社会心理学とがまったく別の学問領域に存在することに起因しています。異なる学問領域に存在しているために、この二つの学問を統合する視点が欠落してしまうのです。違ういい方をすれば、現象だけを追いかける現在の人文系の学問は、定められた枠組みの中でどんどん細分化するしかないのです。

　いずれにしても、吉本さんにいわせれば、〝二者関係〟と〝集団関係〟はまったく次元の異なる〝対人関係〟の概念なのですが、心理学においては〝それ、何？〟って感じなのです。ここに両者の決定的な違いがあります。この問題も、「対幻想」と「共同幻想」を分けて概念化することにどんな意味があるのか、ということになるのですが、このことについてはあとで考えることにしましょう。

　ここでは〝家族〟の問題を考えておきたいと思います。〝家族〟は〝二者関係〟なのか、〝集団関係〟なのかという問題です。〝家族〟は構成員が増えれば、人数の上では〝二者関係〟とはいえません。しかし、吉本さんは「家族は『私とあなたの関係世界』である」といいます。〝夫と妻〟、〝父と子〟、〝母と子〟、〝兄と妹〟、〝兄と弟〟、〝祖父母と孫〟という「私とあなたの関係世界」なのだと。つまり、家族とは「対幻想」の世界であり、「共同幻想」の世界ではないというのです。ただ、そうだとすると、どこまでの〈血縁関係（家族）〉が「対幻想」で、どこからが「共同幻想」なのか、という難しい問題が残されます。吉本さんは、ここで〈近親相姦の禁制〉という概念を持ち出すのですが、本書ではそのことには立ち入りません（関心がある方は、ぜひ『共同幻想論』の最初の論考「禁制論」を読んでください）。ここでは家族は「対幻想」の世界ということで話をすすめます。

　ただ、臨床心理学も同じように考えているわけではありません。

　臨床心理学では、家族を〝集団関係〟という概念で取り扱うことが多く、心理療法でいえば、家族療法は集団療法の一つの形態として取り扱われることが多いのです。しかし、吉本さんの考え方を踏まえていえば、集団療法は「共同幻想」に基づく心理療法であり、家族療法は「対幻想」に基づく心理療法でまったく別物だということになります。このことについても次章以降で、あらためて取り上げることにします。

〈3〉根拠としての〝身体〟

吉本さんは、自分自身の考え方を述べる上で1つの原則を課しています。それは、自らの考え方の根拠を示すという原則です。根拠を示せない考え方は、たとえ、ある時代に熱狂的にもてはやされたり話題になったとしても、いずれ消え去るしかないあやふやな考え方なのだ、というのが吉本さんの基本的なスタンスなのです。したがって、ここでは「個人幻想」「対幻想」「共同幻想」という概念にはどのような根拠があるのか、ということを考えてみたいと思います。本書では、根拠として〝身体〟と〝発達段階〟を取りあげますが、まず身体について述べていきます。

最初に「個人幻想」を考えてみましょう。「個人幻想」とは他者が介在しない「自分自身との関係世界」のことです。この世界を取り出すために、今、世界の中に〝あなた〟ひとりしか人間は存在しないと思ってください。家族も友人も、いやそれどころか、見知らぬ人も誰ひとり存在しないのです。そこで、あなたは何をするか。たぶん、あなたは朝目覚めたら、しばらくしてお腹がすき食べ物を探しに出かけます。山で実を取ったり、海で魚を釣ったり、野で獲物を手に入れたりします。食欲が満たされたあとは、排せつをします。一息ついた後、あなたが生きることにどんな楽しみを見出すのかはわかりませんが、夜になると眠りに就くでしょう。このような〝ひとりの人間〟の一連の営みは、簡単にいえば〝個体維持活動〟ということができます。〝食べる〟ことで個体を維持するのです。この身体活動に直結しているのが、いうまでもなく〝食〟の本能（「原生的疎外」の心）です。そして、この〝食〟の本能（「原生的疎外」の心）自体を対象化し了解する（空間化し時間化する）のが、「純粋疎外」の心、つまり、「個人幻想」ということになります。いいかえれば「個人幻想」は〝食〟という身体基盤を持っているということができます。

勘違いしないでいただきたいのは、「個人幻想」は〝食べ物に対する関心〟だといっているのではない、ということです。ヒトが一個人として外界とやり取りするすべてのこと（食べたり飲んだりすることだけでなく、木に登ったり、岩肌に触ったりすることも含めて）が「個人幻想」の領域に入るのですが、この「個人幻想」の身体的な基盤が〝食〟器官・機能にあるといいたいのです。

実は「個人幻想」だけの世界で生きていた人物が、18世紀末に存在します。「アヴェロンの野生児」です。この少年は、11、12歳で保護されるまで南フランスの森で独りで生きていたのです。「アヴェロンの野生児」を考えるうえで最も重要なことは、他者との対人関係を持たないまま成長することが、他者との対人関係の中で成長することとどう違うのか、ということです。吉本さんはこの少年の感覚器官（特に視覚と聴覚）の了解の仕方（時間性）が他者との対人関係の中で育った少年とはまったく異なることに注目しています（『心的現象論序説』）。

　吉本さんがここで言おうとしていることは、個人の視覚や聴覚といった感覚器官は、その人がどんな環境で育つかにかかわらず（1人の世界で育つ、2人の関係世界で育つ、集団関係で育つことに関係なく）同じように機能すると思われがちですが、そうではないということです。つまり、関係の仕方（空間性）と了解の仕方（時間性）は独立変数ではなく、たぶん、このふたつの変数は相互規定性の中にあるのです。吉本さんのいい方にそっていえば、この二つの変数は「時空転換」（〈空間が時間に転化する〉）としてあらわれることになります。

　次に「対幻想」を考えみましょう。「対幻想」とは、一人の他者との「私とあなたの関係世界」のことです。先ほどのたった一人の世界に、もう一人の人物が登場することになります。あなたは、自分だけしかいないと思っていた世界に、もう一人異性の人物がいることを突然発見します。先ほどの一日の過ごし方と違うのは、性的関係が生じることです。現実的な身体活動としては性行為が生じるのです。この身体活動は〝種族維持活動〟ということができます。このペアの身体活動に直結しているのが、〝性〟の本能（「原生的疎外」の心）です。そして、この〝性〟の本能（「原生的疎外」の心）自体を対象化し了解する（空間化し時間化する）のが、「純粋疎外」の心、つまり、「対幻想」ということになります。いいかえれば「対幻想」は〝性〟という身体基盤を持っているということができます。勘違いしないでいただきたいのは、「対幻想」は〝性に対する関心〟だといっているのではない、ということです。ヒトが二者関係（ペア）としてやり取りするすべてのこと（性的接触だけでなく、一緒に飲食したり、買い物したり、ゲームをしたりすることも含めて）が「対幻想」の領域に入るのですが、この「対幻想」の身体的な基盤が〝性〟器官・機能にあるといいたいのです。

では「共同幻想」は、どのような身体基盤を持つのでしょうか。「共同幻想」とは「組織・集団との関係世界」のことですから、「共同幻想」は〝集団行動〟としての集団の身体活動が基盤であるということはできます。雁行や魚の群れのように、動物の中には〝群れる〟ことを本能として備えている動物がいます。鳥や魚の群れだけでなく、ハチやアリの集団も、まるで群れ全体が1つの生き物であるかのようにふるまいます。こうした〝群れる〟本能は〝集団防御〟の目的や意図をもっているということができますが、ヒトもまた、こうした〝群れる〟本能をもった動物です。しかし、ヒトはこの〝群れる〟という本能（「原生的疎外」）自体を対象化し了解する（空間化し時間化する）ことができます。これによって「純粋疎外」の中に「共同幻想」を生み出すことになるのです。ただ、「共同幻想」についていえば、〝食器官〟や〝性器官〞のような器官を、一個人の身体そのものの中に見出すことはできません。いいかえれば、「共同幻想」は個人の身体には、群（集団行動）器官という基盤をもたないのです。「共同幻想」は一個人の中では、観念としてのみ存在しているのです。それでも、あえて私たちが個人の身体に「共同幻想」の基盤を求めるとすれば、それは身体にまとう〝制服〞だということができるでしょう。軍隊では〝軍服〞が、ビジネスでは〝スーツ〞が、学校では〝学生服〞が、消防では〝消防服〞が、工場では〝作業服〞が、身体の個別性を覆い隠し、均質の身体群を作り上げることになります。「共同幻想」は、この均質の身体群（制服）に基盤をもつということができます。もっといえば、個人が己の心的領域において「個人幻想」「対幻想」を完全に抑圧し「共同幻想」そのものとして存在する時、その人は身体全体が「共同幻想」を表象することになります。私たちはこのことを軍隊の一糸乱れぬ行進や完成度の高いマスゲームに見ることができます。

制服に話を戻せば、最近、制服姿がめっきり減ったような気がします。たぶん現在、「共同幻想」は新しい表出の姿を模索しているのではないでしょうか。いずれにしても、今ここで確認しておきたいことは、「共同幻想」は実際には個体の身体そのものには基盤をもたないということです。吉本さんの言葉でいえば次のとおりです。

心的な領域は、生物体の機構に還元される領域では、自己自身または自己と他者との一対一の関係しか成りたたない。

（『心的現象論序説』Ⅱ　１　原生的疎外の概念を前景へおしだすために）

〈４〉根拠としての〝発達段階〟

①三木成夫との出会い

吉本さんは、ある概念を実証することが難しい場合、その概念の初源を明らかにすることで根拠を示そうとします。ここでは、「個人幻想」「対幻想」「共同幻想」という概念を、ヒトの発達段階に照らして考えてみたいと思います。ただ、その前に触れておかなければいけないことがあります。それは、吉本さんにとてつもなく大きな衝撃を与えた人物のことについてです。その人物とは解剖学者（発生学者）の三木成夫《みきしげお》さんです。１９６５年に吉本さんが『心的現象論序説』の執筆に取りかかって、１９９７年に筆をおくまでの32年のあいだに〝人間・その・もの・の・初源〟の考察において、吉本さんがとんでもない衝撃をくらったのは、三木成夫さんをおいてほかにはあり得ません。吉本さんが三木さんの著書『胎児の世界』を読んだのは、三木さんが亡くなったあと数年が経った１９８０年代末のことと思われます。

三木さんが著書『胎児の世界』の中で述べていることは、２つのことに要約することができます。1つは〝胎児の成長過程は生命体の進化の歴史そのもの〟だということです。つまり〈胎児は魚類から両生類へ、両生類から爬虫類へ、爬虫類から哺乳類へという成長のプロセスをたどる〉ということです。しかし、この考え方自体は三木さんが生み出したわけではありません。この考え方は〝系統的発生論〟とよばれているもので、ドイツの生物学者ヘッケルが提唱したものです。吉本さんも、もちろんそのことは知っていました。吉本さんは『心的現象論序説』のフロイトに関する論及の中でそのことについて触れています。吉本さんが目を見張ったのは、三木さんが受胎後の胎児の姿を克明に観察することによって、人間の〝系統的発生〟を実証したことにあるのです。

ただ、私たちも日常生活の中で、意外なことですが、〝系統的発生〟をなにげなく見ているのです。たとえば、カエルの成長を思い出してください。カエルは、オタマジャクシからカエルへという成長のプロセスをたどりますが、これはまさに魚類から両生類への成長過程にほかなりません。オタマジャクシは、えら呼吸で水中生活をしながら成長し、肺呼吸に変わると同時に手足が生え、陸上生活が可能となります。また、陸上生活が可能となる時点で尾が消失します。三木さんは、このことをカエルではなく、人間に関して実証したのです。人間の胎児も胎内で同様のプロセスをたどっていることを三木さんは明らかにしたのです（図5）。三木さんは、胎児が魚類から両生類へと変わる時期に母親の〝つわり〟が始まると述べています。母

図5 「胎児の成長」

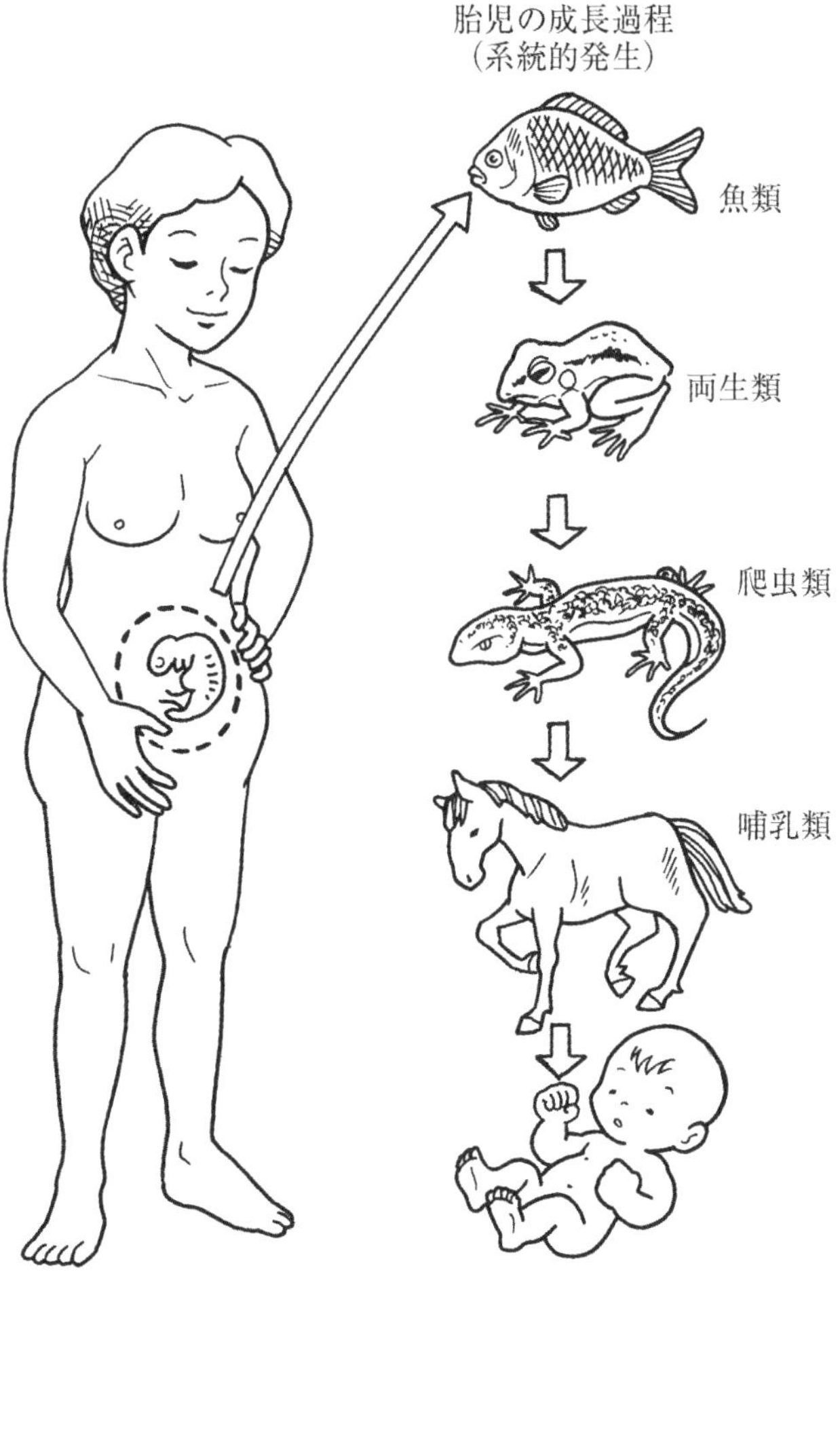
胎児の成長過程
(系統的発生)
魚類
両生類
爬虫類
哺乳類

親の〝つわりの苦しみ〟は、かつて生物が海から陸上へ上陸する時に味わった〝苦しみ〟なのだと三木さんはいいます。かつて生物が海から陸上へ上陸することがどれだけ大変なことであったかを〝つわりの苦しみ〟が如実に示している、というのです。

『胎児の世界』のもう1つの要約は、〝人間の身体は、植物と動物の身体から成り立っている〟ということです。吉本さんは、三木さんの〝系統的発生〟の実証的な仕事ぶりにも驚いたにちがいませんが、本当に驚嘆したのはこちらの方です。〝生命体の全歴史〟の痕跡が人間の身体に「植物の身体」と「動物の身体」としてはっきりと残っていると三木さんはいうのです。

三木さんは、動物の腸管の由来を次のように述べています。

> 植物のからだは、動物のからだから腸管を一本引っこ抜いて、それをちょうど袖まくりするように裏返しに引っくり返したものにほかならない。
>
> （『胎児の世界』Ⅲ　いのちの波――生命記憶の根源）

三木さんのすごさは、動物の腸管が〝植物の茎〟にほかならないことを見抜いたことにあります。三木さんの「〝動物の腸〟と〝植物の茎〟とは同じ構造だ」という発言は、「動物を発生

図6 「人間の身体構造」
【植物の構造と動物の構造】

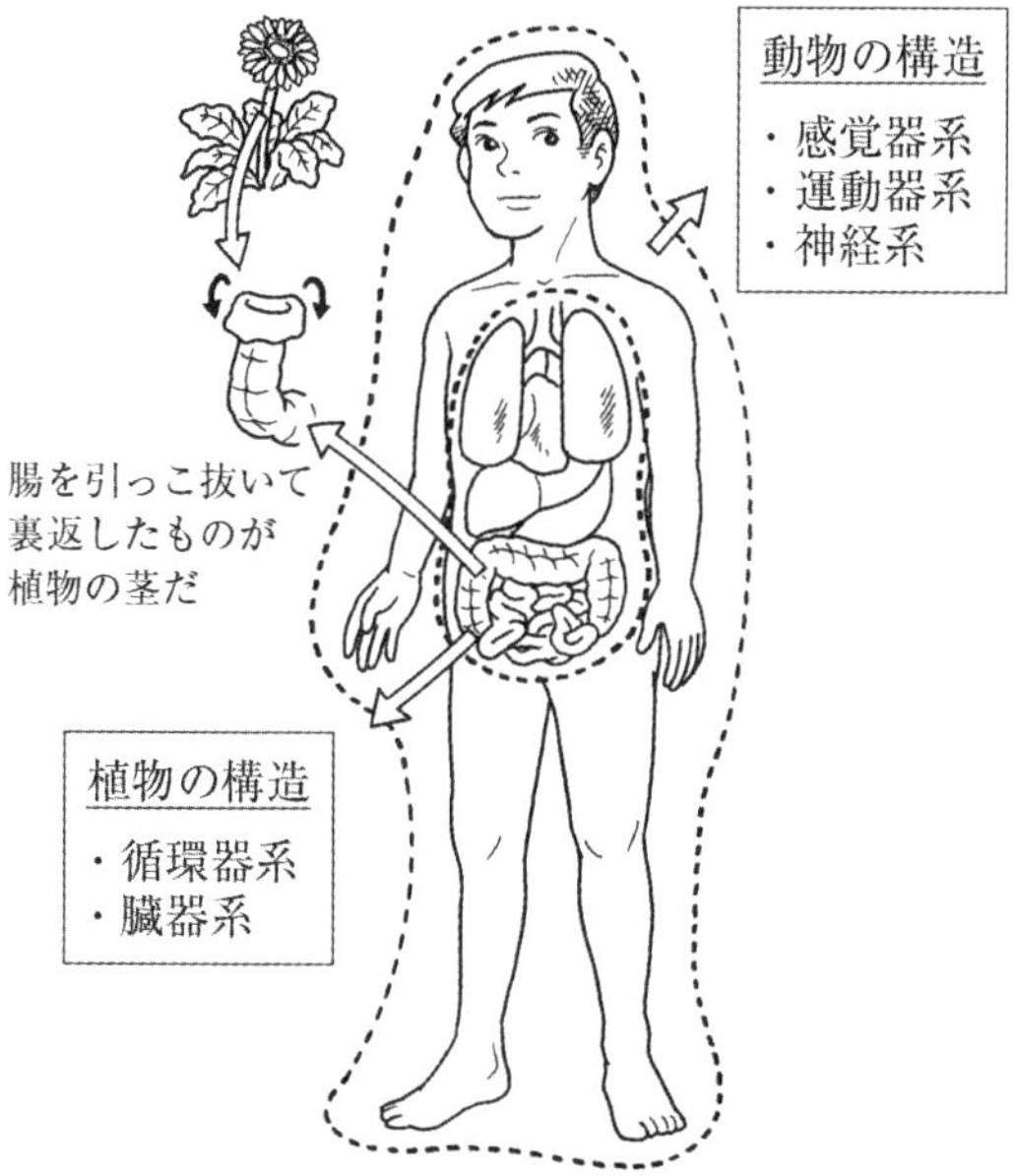

表1 "人間の身体構造"【内臓系と体壁系】

大分類	中分類	人体解剖学
植物の構造（**心臓を中心とした**内臓系）	臓器系	消化器系―呼吸器系―内分泌器系―生殖器系―泌尿器系
	循環器系	血管系―リンパ系
動物の構造（**脳を中心とした**体壁系）	運動器系	骨系―靭帯系―筋系
	神経系	中枢神経系―末梢神経系
	感覚器系	視覚器系―聴覚器系―嗅覚器系―外皮系

論的にたどっていけば植物に突き当たる」ということを意味します。

三木さんは単に腸管だけでなく、心臓を中心とした内臓全体（循環器系、臓器系）が〝植物の構造〟であると断じたのです。そして、その〝植物の構造〟を大地から切り離して、あたかも包装のように包み込んだ部分が〝動物の構造〟であると見極めたのです。つまり、脳を中心とした体壁（感覚器系、運動器系、神経系）が〝動物の構造〟であると考えたのです（**図6－表1**）。極言すれば、動物とは〈移動可能な植物〉なのです。

②「内臓系」と「体壁系」（〝植物の心〟と〝動物の心〟）

三木さんの洞察のすごさは、人間の身体を〝植物の構造〟と〝動物の構造〟に分けたことにとどまりません。ここからさらに、〝植物の構造〟と〝動物の構造〟を基盤とした〝心の世界〟を論じたのです。これを〝植物の心〟〝動物の心〟とよぶとすれば、猫や犬などの動物は「原生的疎外」としての〝植物の心〟〝動物の心〟を持っているのであり、人間だけがこれに加えて「純粋疎外」としての〝植物の心〟〝動物の心〟を持っているということになります。

ちなみに、三木さんは現代心理学を揶揄《やゆ》して、「最近の心理学は脳理学であって心理学ではない」と述べています。三木さんが言わんとしたことは、「最近、〝動物の構造〟を基盤とした〝動物の心〟の学問が重視されており、〝植物の構造〟を基盤とした〝植物の心〟の学問が

図7　「心の世界」（身体性の世界）

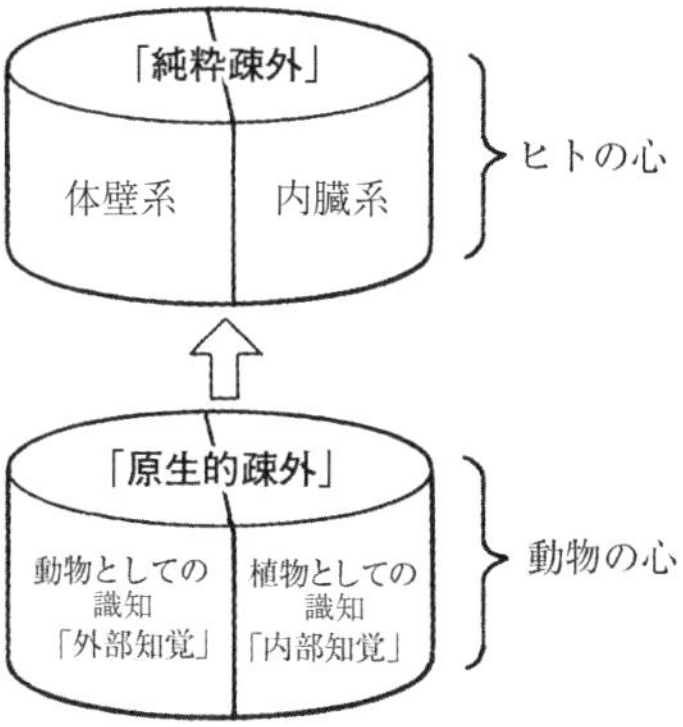

軽視されている」ということです。吉本さんの用語をもじっていえば、三木さんは〝ヒトの心〟について、こう考えたのです。「〝ヒトの心〟には『体壁系（動物の心）』と『内臓系（植物の心）』があるのだ」と。「『体壁系』とは大脳を中心とした〝動物の心〟であり、『内臓系』とは心臓を中心とした〝植物の心〟である」と。「体壁系」「内臓系」と「原生的疎外」「純粋疎外」との関係を単純に図式化すれば**図7**のとおりとなります。

　吉本さんは、のちに三木さんのこの考え方を認め、〝動物の心〟を「精神」とよび、〝植物の心〟を「心」とよんでいるのですが、「精神」と「心」という言葉はあまりにも曖昧で漠然としているので、本書では「体壁系」、「内臓系」という言葉で表現することにします。

　「体壁系」という〝動物の心〟は、外界を〝外部知覚〟でとらえ、了解するという構造をもっています。ここでいう〝外部知覚〟とは、感覚器官（視覚・聴覚・触覚・味覚・嗅覚）を通じた識知をさしています。冒頭で述べた「ヒトとネズミの物語」（図2、P27）は、まさに「体壁系」を起点とした〝心の動き〟になります。これに対して、「内臓系」という〝植物の心〟は、内界を〝内部知覚〟でとらえ、了解するという構造をもっています。ここでいう〝内部知覚〟とは、感覚器官（視覚・聴覚・触覚・味覚・嗅覚）を起点としない内臓感覚の識知をさしています。ただし、〝内部知覚〟は内臓感覚を通じた識知だとしても、その実態は曖昧でよくわかりません。

いずれにしても、〝内部知覚〟は〝外部知覚〟のように視覚・聴覚・触覚・味覚・嗅覚といった自明の感覚器官を提示することができません。だから、「内部知覚なんて、あやしいよ」と首をかしげる人がいても不思議ではないのですが、「内臓系」という概念をうちたてることで、これまで私たちが〝内面世界〟〝深層世界〟としかよべなかったあまりにも曖昧な世界に、根拠と輪郭を与えることができるはずです。ここでは、〝内部知覚〟を〝外部知覚〟になぞらえて語ってみたいと思います。〝内部知覚〟とは、〝内なる〟視覚・聴覚・触覚・味覚・嗅覚なのだと。

では、〝内なる視覚〟とは何でしょうか。それは、夢やイメージのことです。実際に外界を眼でとらえているわけではないのに、私たちは心の中に心像を作り出すことができます。それはいわば〝心の眼〟が生みだすのです。

　では、〝内なる聴覚〟とは何でしょうか。それは、〈心意〉のことです。〈心意〉とは実際に耳から入ってきた言葉ではないのに、心の中に〝言葉〟を形成することができます。また、実際に耳から音楽や声を聴いているわけではないのに、私たちは心の中に音楽や他者の声を流すことができます。それは、単にある人物が発した言葉を反復できるということではなく、その人物の声の音色を再構成し、心の中で反復させることができるということです。それは、いわば〝心の耳〟が生みだすのです。

　では、〝内なる〟触覚・味覚・嗅覚とは何でしょうか。〝胃が重たい〟〝胸が締め付けられる〟〝心臓がドキドキする〟といった内臓感覚が該当します。しかし、〝内なる〟触覚・味覚・嗅覚はこれだけではありません。〈感情〉こそが〝心の触覚・味覚・嗅覚〟なのです。吉本さんは、次のように述べています。


　〈感情〉は心的な触覚や心的な味覚や心的な嗅覚であるかのように存在することができるが、けっして心的な視覚や心的な聴覚であるかのように存在することはない。

（『心的現象論序説』Ⅳ　１　感情とはなにか）

ここで、吉本さんは〝感情は心的な触覚・味覚・嗅覚〟だとはいっていません。〝であるかのように存在できる〟と比喩的に述べています。このことは、吉本さんが『心的現象論序説』執筆段階において、心的な触覚・味覚・嗅覚というもの、つまり「内臓系」という心の存在を実際に認めていたわけではなかったことを示しています。

実は、吉本さんには「内臓系」という着想を真剣に考えた過去があります。どこで真剣に考えたかといえば、それは、フォイエルバッハの〈臓器は思考する〉という考え方に接した時です。吉本さんは〈臓器は思考する〉という考え方について、「本当に臓器が思考するのだろうか」と真剣に考えた末に最後にこのように結論づけたのです。

どうもこの考え方は、わたしたちの経験に反するようにおもわれる。

（『心的現象論本論』身体論　1　古典ドイツの身体論について）

吉本さんは「内臓系」という考え方を排除したのです。そんなことはありえないと。しかしそうはいっても、吉本さんはもう一方で外部知覚＝「体壁系」という考え方だけでは〝心の世界〟全体をとらえることはできないとわかっていたのです。それが吉本さんの〝悩みの種〟でした。

『心的現象論序説』「Ⅶ　心像論」の中で、吉本さんは次のように述べています。

いわゆる〈妄想〉には、よりおおく概念的な了解の異常が関与しているが、〈幻覚〉にはよりおおく感覚的な了解の異常が関与しているといっていい。しかし究極にはこの二つをはっきり分離することはできないようにおもわれる。

（『心的現象論序説』Ⅶ　5　引き寄せの構造Ⅱ）

吉本さんは〈概念的な了解〉と〈感覚的な了解〉の違いがどこからやってくるのか、うまく説明できなかったのです。『心的現象論本論』の執筆段階においても、吉本さんはこの問題と格闘し続けています。

わたしたちの理解を困難にさせているのは、この自己の自己にたいする〈関係〉づけの崩壊が、たんに知覚的にだけではなく（いいかえれば自己と、その外部にある他者とのあいだからだけではなく）、発祥しうることである。心意の障害からも、概念構成の障害からも、この種の崩壊ははじまる。そして知覚的と心意的と概念的とは区別することができず、しかも総体として、世界（環界）にたいして〈反応性〉であるために、外的条件の変動によって、それに反応するように可変性をもつということである。そこから多くの混乱と、この混乱を整理しようとする試みとが行なわれてきている。

（『心的現象論本論』関係論　24〈関係〉とはなにか）

吉本さんはここで、外部知覚、つまり「体壁系」から〝心の世界〟の全体像に迫ろうとしても、そのルートではたどりつけない、ということを独白しているのです。だからこそ、「体壁系」「内臓系」という三木さんの洞察は、吉本さんに測り知れないほどの大きな衝撃を与えたのです。測り知れないという意味は、吉本さんが長年ずっと考え続け、ずっと悩み続けていたモヤモヤとした思いに、三木さんが〝答え〟を示したからです。三木さんは〝悩める吉本〟にこう囁《ささや》いたことになります。「〈概念的〉〈心意的〉とは『内臓系』のことであり、〈感覚的〉〈知覚的〉とは『体壁系』のことだよ」と。吉本さんの受けたショックは本当に大きかったことでしょう。吉本さんは三木さんに出会うことで「あぁ、そうか。わかった！」と叫んだにちがいありません。得心したにちがいないのです。しかし、同時に「くそー！　なんで、あの時、俺はもっと考えなかったのか！」と悔んだにちがいありません。

実は『心的現象論序説』という書物そのものが、この間の吉本さんの悪戦苦闘をよく示しています。『心的現象論序説』は七章構成で、吉本さんの意図にそっていえば、前半（第一章から第三章）で、心における〈時空転換〉を定義づけ、後半（第四章から第七章）で感情・言語・夢・心像（イメージ）を題材にして〈時空転換〉を具体的に展開する、という組み立てになっています。確かに〈時空転換〉という考え方の切れ味は鋭く、一種のすごみさえ漂っているのですが、そのことが読者にうまく伝わったか、といえばそうではなかったのです。一般的には極めて難解な書物として受けとめられたのです。なぜなのか。今ならその謎を解くことができます。『心的現象論序説』は前半、「体壁系」を中心に構成され、後半、「内臓系」を中心に構成されていたのです。だから本来的には「体壁系」「内臓系」という文脈の中で〈時空転換〉を語れば分かりやすいのですが、〈時空転換〉という文脈だけで組み立てたため、『心的現象論序説』は必要以上に難解な印象を与えることになったのです。

　しかし、吉本さんを責めるわけにはいきません。「体壁系」は目や耳や鼻や舌や皮膚に直結しているのでわかりやすいのですが、「内臓系」は出どころがわからないのです。三木さんのような着想、つまり「人間の身体には〝植物の構造〟と〝動物の構造〟がある」という着想がない限り、「内臓系」という考え方には、たぶんたどりつけないのです。吉本さんが「三木さんに出会うのがもっと早ければ、俺はソシュール（言語学者）程度の仕事はできたはずだ」と発言するゆえんは、ここにあります。

　ただ、吉本さんの激賞にもかかわらず、三木さんの考え方が現在広く認められているわけではありません。今も〝心臓を中心とした心の世界が存在する〟という考え方は〈異端〉なのです。脳科学は、あくまでも内臓ではなく脳に焦点をあてます。脳科学では「内臓系」は「志向的クオリア」とよばれ「体壁系」は「感覚的クオリア」とよばれています。どこが違うのかといえば、この〝2つの心の世界〟の根拠を、心臓と脳に求めるのか、あるいは2つとも脳に求めるのか、ということが違っているのです。

脳科学者にとって、「志向的クオリア」の根拠はあくまでも脳なのです。誤解を招かないためにいっておきますと、三木さんは「内臓系」（志向的クオリア）は脳が媒介しないといっているわけでありません。脳が媒介するとしても脳が根源ではない、といっているのです。脳科学者は、脳をもたない植物の〝志向性〟をどのように説明するのでしょうか。桜の花は春になると一斉に咲き乱れ、瞬く間に散っていきますが、この桜の〝志向性〟を脳科学者はどのように説明するのでしょうか。

余談ですが、私は数年前「三木成夫の会」（三木さんが亡くなったあと、三木さんの思想を学ぶために作られた会）に参加したことがあります。その時、なんと脳科学者の茂木健一郎さんが、この会の演者として登場してきたのです。三木さんの考えと脳科学の立場はまったく異なるにもかかわらず、茂木さんが「三木成夫の会」に登場したことに私は心底驚きました。来る茂木さんも面白いが、茂木さんを演者に選ぶ「三木成夫の会」も面白いと、思わず笑ってしまったのです。

私は、脳科学と三木さんの立場の違いについていえば、三木さんの考え方に分があると思っています。しかし、三木さんの考え方が実証の世界からはかなり遠いことも認めざるを得ません。だから、三木さんの考え方を「胡散臭い」と思う人がいたとしても不思議ではないのです。

そういう人のために養老孟司さんの考え方を紹介しておきたいと思います。養老さんは「ヒトには〈細胞─遺伝子系〉と〈脳─神経系〉の2つの情報系が存在する」と述べています。これは実証レベルの根拠のある話です。〝人間には2つの情報系がある〟という話であれば、多くの人が合意できると思います。では、養老さんが語る〈細胞─遺伝子系〉の心の世界とは何でしょうか。その実態は「内臓系」の世界です。〈脳─神経系〉の心の世界とは何でしょうか。その実態は「体壁系」の世界です。つまり、「内臓系」「体壁系」を〝動植物の身体構造〟にまでさかのぼって根拠づけしなければ、多くの人が「内臓系」「体壁系」という考え方を認めることができるのではないでしょうか。

しかし、本書では三木さんの考え方にそって「内臓系」＝〝植物の心〟、「体壁系」＝〝動物の心〟ということで話を進めていきます。「内臓系」「体壁系」という〝2つの心の世界〟を、私たちの普段使っている表現で腑分けしてみましょう。すぐにこんなことがいえそうです。

「内臓」につながる〝心の表現〟には、「心ときめく」「心温まる」「心の痛み」「心にしみる」

「胸騒ぎ」「胸が締め付けられる」「胸が詰まる」「胸おどる」「腹わたが煮えくりかえる」「肝を冷やす」「断腸の思い」「腹黒い」「腹が立つ」「吐き気をもよおす」といった表現をあげることができます。子どもたちの言葉でいえば、「むかつく」もその1つです。

一方、「体壁」につながる〝心の表現〟には、「頭が固い」「頭でっかち」「頭が切れる」「頭が冴える」「頭が空っぽ」「頭脳明晰」といった表現をあげることができます。

「心が温かい」とはいっても「頭が温かい」とはいいません。「頭でっかち」とはいっても「心でっかち」とはいいません。心と頭は別物なのです。「頭ではわかったが腑に落ちない」という表現は、いいかえれば〝理屈は分かるが、本当にそうだとは思えない〟という「体壁系」と「内臓系」との葛藤だということができます。

この「内臓系」と「体壁系」こそが、心理学の多くの概念の〝根拠〟(初源)なのではないか、と考えることもできそうです。「内臓系」「体壁系」という観点から、心理学の諸概念を思いつくままに拾い集めて一覧表にすると**表2**になります。

たとえば、ユングの性格類型に〈内向—外向〉という概念があります。これまで、臨床心理学においては、〈内向—外向〉という区分は、ほとんど〝所与〟で自明の概念であったといってよいでしょう。しかし、ここで問題にしていることは、この概念には〝植物の心〟と〝動物の心〟という〝根拠〟があるのではないかということです。このことを考えてみたいと思います。

表2 “人間の心”【内臓系と体壁系】

提唱者	項目	内臓系	体壁系
	死亡	心臓機能停止	脳機能停止
	科学	生命科学	自然科学
ユング	性格類型	内向	外向
ロールシャッハ	体験型	内向型	外拡型
マレー	欲求—圧力分析	欲求	圧力
	動機づけ	動因	誘因
	動機づけ	内発的動機づけ	外発的動機づけ
ワラス	思考	創造的思考	分析的思考
ギルフォード	思考	拡散的思考	収束的思考
吉本隆明	言語表現	自己表出	指示表出
	心的異常	妄想	幻覚
リネハン	弁証法的行動療法	感情的な心	理性的な心
フロイト	不安	神経症的不安	現実不安
	存在様式	To be	To do
茂木健一郎	クオリア	志向的クオリア	感覚的クオリア
養老孟司	情報系	細胞—遺伝子系	脳—神経系
木村敏	自己	ノエシス的自己	ノエマ的自己
カガン	認知スタイル	衝動型(全体的認知)	熟慮型(分析的認知)

一般に世の中において、内向・外向といえば社交的かどうかということを意味します。しかし、心理学において、内向・外向という概念は社交的かどうかということではありません。心理学では、内向とは物事を内面世界から理解する人格特性を意味し、外向とは物事を感覚器官（視覚や聴覚など）から理解する人格特性を意味します。たとえば、映画を見た時、そのストーリーや俳優の服装や演技に注目する人と、そうではなく映画によって自分の中にわいてきた感情や考えに注目する人がいます。あるいは、周りの人のファッションに敏感な人と、服は何を着ていても構わないという人がいます。この場合、前者を「外向」特性といい、後者を「内向」特性というのです。これは、三木さんの文脈でいえば前者を「体壁系」重視、後者を「内臓系」重視の性格特性ということができます。心理学でいう内向、外向という概念は「内臓系」「体壁系」という発想とそのまま重なり合うのです。

だからどっちでもいいんだという話ではなく、「内臓系」「体壁系」という概念によって、内向・外向という概念は動植物の身体構造にまでさかのぼって〝根拠〟づけることができるということが大切なのです。内向とは〝植物の心〟に重点があり、外向とは〝動物の心〟に重点があるということになります。〝植物の心〟に重点がある人をロマンティストとよび、〝動物の心〟に重点がある人をリアリストとよんでいるのです。

もちろん、今、こうした議論を実証として語ることはできません。しかし、ユングの内向・

外向をはじめとする表2の諸概念が、いずれ「体壁系」「内臓系」によって根拠づけられる日がくるのではないか、と思わずにはいられません。もっといえば表2どころか、さらに広い範囲で諸概念が「体壁系」「内臓系」によって根拠づけられる日がくるのではないかと。吉本さんは、「体壁系」の〝心の世界〟は社会の進展に伴い大きく変化するが、「内臓系」の〝心の世界〟は何千年という時代を経過してもほとんど変わらないといっています。もちろん、吉本さん自身が用いる言葉でいえば、「体壁系」「内臓系」ではなく、「精神」「心」ということになるのですが。

シンボリックないい方をすれば、「体壁系」とは「リアリティ（現実感）」の源であり、「内臓系」とは「アクチュアリティ（生命感）」の源なのだということができます。さらに踏み込んでいえば、「体壁系」とは「意味」をもたらし、「内臓系」とは「価値」をもたらす、といえるかもしれません。ちなみに科学とは「体壁系」の申し子にほかなりません。

本書では、第4章で〈脳死〉をめぐって再度「体壁系」「内臓系」の問題を考えてみたいと思います。

いずれにしても、「体壁系」「内臓系」という発想の衝撃は吉本さんだけにとどまりません。今、私たちも大きな混乱の中にいます。なぜなら、私たちはこれまで吉本さんから〝ヒトの心〟を〝関係性〟（「個人幻想」「対幻想」「共同幻想」）の観点からとらえた1枚の構図（図3、

P31）を手渡されていたのに、三木さんによって、〝身体性〟（「内臓系」「体壁系」）の観点からとらえた別の1枚の構図（図7、P49）を手渡されたからです。実は、この2枚の構図の関係を『心的現象論』は解き明かしていません。「個人幻想」「対幻想」「共同幻想」は、「体壁系」「内臓系」を通して立ち現れる（現象する）ということはできますが、〝関係性〟と〝身体性〟の〝心の世界〟が具体的にどのように交錯するのかは、いまだにはっきりしていないのです。吉本さんはこのことについて、のちに『母型論』で取り上げていますが、この問題に決着がついたわけではありません。しかし、今、ここでいえることがあるとすれば、吉本さんは『心的現象論』の中に「個人幻想」「対幻想」「共同幻想」という概念を持ち込むことで『共同幻想論』を呼び込み、「体壁系」「内臓系」という概念を持ち込むことで『言語にとって美とはなにか』を呼び込んでいる、ということです。本書ではこれまで「体壁系」「内臓系」と『言語にとって美とはなにか』を直接、結びつけてきませんでしたが、実は、吉本さんは三木成夫さんに出会うことで〈言語表現の「指示表出」「自己表出」という概念の背景に「体壁系」「内臓系」という心の動きを想定する〉ことになるのです。

いずれにしても、今ここでお伝えしたいことは、あらゆる心的現象は「個人幻想」「対幻想」「共同幻想」という観点から説明できると同時に、「体壁系」「内臓系」という観点からも説明できるということです。たとえば、統合失調症は「共同幻想」の〝心の不調〟（後述）であると同時に、「体壁系」と「内臓系」との統合の失調でもあるというふうに。それは、あたかも光が波動と粒子という二重の性質を持つかのように現象するのです。

「共同幻想」は「体壁系」とよりつながりが深く、「対幻想」と「個人幻想」は「内臓系」とよりつながりが深い、とはいえそうな気がしますが本当のことはわかりません。

③ 発達段階

〝対人関係〟の世界に戻ります。ここでは「個人幻想」「対幻想」「共同幻想」の根拠（初源）をヒトの発達段階にそって考えてみたいと思います。発達心理学によれば、ヒトの発達段階は、一般的に乳児期・幼児期・児童期・青年（思春）期・成人期・老年期の6区分に分けて考えられることが多いのですが、この発達段階の区分に年齢を対応づけようとすると、論者によってかなり開きが出てきます。ここでは、さしあたって乳児期とは0歳～1歳、幼児期とは2歳～5歳、児童期とは6歳～10歳あたりまでと考えて話を進めていくことにします。

発達段階に関する吉本さんの主要な論点を先に述べておきます。2つあります。ひとつは、（動物と比較して）なぜヒトの乳児期は異常に長いのか、ということであり、もうひとつは、（これも動物と比較して）なぜヒトだけが児童期という発達段階を持つのか、ということです。

この2つの論点に触れながら、〝3つの対人関係〟（「個人幻想」「対幻想」「共同幻想」）の初源に迫ってみたいと思います。まず、胎児期から入ります。

〈胎児期〉

〝コミュニケーションとは何か〟と問われたら、あなたはどう答えるでしょうか。たぶん、多くの人は、まず〝個人〟というものが存在することを前提として、その個人と個人とが織りなす〝やり取り〟をコミュニケーションとして考えるのではないでしょうか。企業が行うコミュニケーション訓練とは、まさしくそうした形で行われます。しかし、コミュニケーションを発生論的に考えれば、それはまったく違うことになります。胎児は心身ともに母子一体という中でコミュニケーションを始めるのです。〝対（ペア）の関係〟がまず最初に存在しているのです。つまり、胎児期とは、今、私たちが着目している〝3つの対人関係〟に即していえば、「原生的疎外」としての〝対（ペア）の関係〟にあるということができます。そして、ヒトはそこから〝個〟として自立していくのです。心理学では、これを「分離個体化」とよびます。

吉本さんは母子関係を次のように述べています。

胎児の母親との関係は、新産の乳幼児の母親との関係ともちがっているはずである。そのいちばん大きなちがいは、胎児期における母親との関係に、受動的で母親の存在なしには栄養の補給のような生存自体が成り立たないことでは同じだが、胎児のばあいに母親が意志的に栄養の補給を断絶することはできないが、乳幼児のばあいは、母親が授乳を中絶すれば生存自体が脅かされてしまう。そこがまったくちがう。その意味では母親の意志にたいして乳幼児は絶対的な受動性だが、胎児は相対的な受動性ともいうべき関係をもっているといえよう。この受動性は依存性とはすこしちがっている。依存性ということからはこの絶対性と相対性は逆になるということもできるからだ。

（『心的現象論本論』了解論　95　原了解以前（1））

次に乳児期に入ります。

〈乳児期〉０～１歳

哺乳動物の子どもは、一般には生後、数時間から数週間程度で〝足〟を使いはじめ、すぐに〝ひとりだち〟します。しかし、ヒトの赤ちゃんは2年近くの時間を乳児期として過ごすことになります。ヒトの赤ちゃんは生誕によって身体的には母親と分離するけれども、心理的には

（生後5ケ月あたりから、少しずつ個体としての自己を認識し始めるとはいえ）、母親とのペアとしての〝一体感〟を長く持続させることになります。吉本さんは、この異常な長さで持続する（しなければならない）乳児と母親（あるいは養育者）との関係に注目します。吉本さんは「乳児期という避けることのできない〝一体感〟の中で、母親の心がすべて乳児にコピー（転写）される」と考えているのですが、これに関する吉本さんの記述をいくつか取り出せば、次のとおりになります。

乳児期が奇妙な理由は、大ざっぱにいえば、その時期は乳児が単独では生命を維持する力がなく、母親（それに代るもの）からの栄養の補給がなければ百％死んでしまう期間が二年間もあり、そのうち前半の一年は直立歩行も一般には困難な時期だということだ。

（『心的現象論本論』了解論 98 原了解以前（4））

ここでとりあえず提起できる疑問は、なぜヒト（人間）はかくも長い（二年間）完全な母親なしで存在できない要保護期をもって生れるのか、そのために母親がもっているそのときの水準の心的な世界を、容赦なく乳児のうちに転写されてしまうのか、それゆえにこそヒト（人間）だけが分裂病に典型的に象徴されるような心的な病いをもたねばならないのか？　こういうことだ。

（『心的現象論本論』了解論　98　原了解以前（4））

乳児期の全体にわたる長期間（二年間）はすくなくとも完全に、また幼児期においても実際上は完全に母親（あるいはそれに代るもの）の哺乳と哺育が必然な時期が存在するために、社会の現在（現在性）の水準にある母親の高度で複雑な心的世界の動きと摂動を、そっくり転写される高度に心的な時期を、ヒト（人間）の乳幼児はもつようになった。

（『心的現象論本論』了解論　99　原了解以前（5））

母親の養育態度が乳胎児の成長に大きな影響を与えることは、誰もが認めるでしょう。ところが、吉本さんがいっていることは、影響どころの話ではありません。「母親の心がすべて乳児にコピー（転写）される」というのです。吉本さんの述べていることは、少しいい方をかえれば「人間の乳児期の2年間という異常に長い時間は、母親（あるいは養育者）の〝心の世界〟を乳児にコピー（転写）するために用意された時間なのだ」ということになります。このようなことをここまで言い切る人物を私は吉本さん以外に知りません。この吉本さんの考え方は、受胎8ケ月から満1歳になるまでの乳胎児が、ほとんど母親（あるいは養育者）の影響下にあり、この関係性の中で乳胎児の無意識の核が形成されるにちがいないという確信に基づいています。

吉本さんのこの考察（母親の心が乳児の心に転写されるという考察）については、第3章の「心理療法の共通原理」の項であらためて考えることとします。ここでは、乳児期の赤ちゃんが母親（あるいは養育者）との〝私とあなたとの関係世界〟、つまり「対幻想」の世界にいることを確認しておきたいと思います。そして、乳児にとっては母親が同時に〝自己〟であり、同時に〝世界〟でもあるから、乳児期とは「対幻想」（ペア）の発達段階であるということができますし、同時に、「共同幻想」と「個人幻想」が、いまだに「対幻想」から未分化な状態にあるということができます。

しかし、厳密にいえば「共同幻想」「個人幻想」の分化は生後5ケ月あたりから始まっています。ただ、乳児は忽然と自分自身に気づくのではありません。〝一体〟であった母親（あるいは養育者）が自分をあやしたり、自分を哺育していることに気づき始めるのです。自分に気づくのではなく、呼びかける母親に気づくのです。母親のまなざしに気づくことで、母親のまなざしを受けている自分に気づくのです。つまり、母親があることによって自分がある、という気づき方なのです。また、母親に気づくことによって、母親ではない第三者にも気づくのです。それは『心的現象論』の文脈でいえば、「対幻想」から「共同幻想」や「個人幻想」が分化し始めることを意味しています。いいかえれば、「共同幻想」や「個人幻想」は、「対幻想」から生まれてくるのです。フロイトが述べた「すべては〝性〟に帰着する」という考え方に根拠があるとすれば、それは、まず最初に「対幻想」があり、そこから「共同幻想」や「個人幻想」が分化するということにほかなりません。

このことを乳児の動きにそっていえば、母親を安全基地として（「対幻想」）、世界全体を安全なものと感じ（「共同幻想」）、好奇心に基づいて探索を始める（「個人幻想」）という成長プロセスになります。

次に幼児期に入ります。

〈幼児期〉　2〜5歳

幼児期は、子どもが母親から離れて自分自身として本格的に活動し始める発達段階です。それは、「対幻想」から分化した「個人幻想」が開花する発達段階ということができます。幼児期は遊ぶことが仕事のような発達段階です。遊ぶことによって自己を表現するのです。乳児期との決定的な違いは、〝受動から能動へ〟と変化することにあります。「コレ、ナーニ？」と聞くことで、あらゆるものを識別（区分）し始めます。それは、言語能力の飛躍でもあります。言語を機能としてみた場合、言語の最も基本的な機能は〝おきかえる〟ことにあります。「ママ」「ママー」「おかあさん」「おかあしゃん」と母親を言葉で〝おきかえる〟ことによって、実際に母親がいてもいなくても、乳幼児期の子どもの〝心の世界〟には母親が住みついていくことになるのです。精神分析家のM・クラインは、これを「対象恒常性」とよびました。そして、母親が実際にいたりいなかったりしても、心の中に母親が住みつくことによって〝自分はいつもいる〟ことに気づくのです。〝自分は同じ自分である〟と気づくことによって、自分が〝1つの自分〟に統合されるのです。これが幼児期になります。

次に児童期に入ります。

〈児童期〉6～10歳

吉本さんは児童期について、次のように語っています。

児童期が奇妙なのはその時期が学校制度（そうでないばあいも、知識、技術の学習）と結びつけられ、それがエディプス的な性の発現期と二重になっていることだ。どの発達心理学の研究者も、この時期を技術と知識を学習する時期、もっといえばエディプス的な性の発現力を抑制しても、禁欲的な技術、知識、規律を学習する時期という認識では一致している。だがほんとうにこの時期に性的な発現力を規範により抑圧し、禁欲的な学習に向かう時期なのかどうか、解明しようとしていない。だいいちに学習という範疇は、厳密にいえば心身のいずれの発達段階にも入ってこない。ただ学校制度、学習の慣習が、すでに存在したために児童期という区分が設けられたのか、あるいは狩猟民の時代から人間は、この時期になると両親とか共同体が幼児期になった子どもを獲物を捕えるために連れていくという習性があり、それが制度化されたのかどうか。またまったく技術、知識、規律の学習をこの幼年期の後半からあとにふりあてることには、身体生理としても心的な段階としても根拠がないものかどうか。したがって教育制度とこみにふりあてられたという意味しかないものなのか。わたしたちはこれらの発達心理の研究者たちを超えて、もっと根底から解明してみなければならないとおもえる。

（『心的現象論本論』了解論　98　原了解以前（4））

吉本さんが言うように、児童期は不可解な発達段階です。身体の発達という観点からいえば、ヒトの発達段階は幼児期から青年期へ移行するということでよいのですが、なぜ、児童期というヒト固有の発達段階を考えなければいけないのでしょうか。あまりにも人為的な発達段階ではないでしょうか。吉本さんが問おうとしていることは、「児童期は、本当にヒトの発達段階として必要なのか」ということです。

しかし、今、私たちは「児童期が必然なのかどうか」に答えることはできません。それでも確かにいえることがあります。それは、児童期とは〝集団生活という規範〟のもとにヒトを強制的におく発達段階だということです。つまり、児童期とは「共同幻想」の発達段階だということです。すでに幼児期において、ほかの子どもたちと〝群れて遊ぶこと〟を体験してきた子どもが、小学校という本格的な集団生活、共同体に組み込まれる時期だということです。また、子どもたちは児童期後半になると、学校制度から押しつけられた〝共同体〟ではなく、〝ギャング〟とよばれる同性の自主的な集団を形成することになります。児童期とは「組織・集団との関係世界」がはっきりと姿をあらわす時期だということができます。

次に思春期に入ります。

〈青年（思春）期〉11歳以降

ヒトは乳児期、幼児期、児童期を通過することによって「対幻想」「個人幻想」「共同幻想」という〝3つの対人関係〟の土台を形成することになります。そして、ヒトはこの〝3つの対人関係〟の土台を形成するやいなや、第二次性徴期という身体的激動の時期をむかえることになるのです。これが思春期になります。あたかも乳児期から児童期までの「対幻想」「個人幻想」「共同幻想」の土台形成を待っていたかのように、ヒトは第二次性徴期をむかえるのです。

ヒトは第二次性徴によって身体基盤を激しく揺さぶられます。そして、このことによって「対幻想」「個人幻想」「共同幻想」という〝3つの対人関係〟は固有性を深めていくことになるのです。

「対幻想」においては、家族、親友、教師といったこれまでの〝重要な他者〟に加えて、恋愛対象としての異性が新しく〝重要な他者〟として登場してきます。「個人幻想」においては、趣味や関心の固有性がはっきりと姿をあらわしてきます。「共同幻想」においては、小学校から中学校、中学校から高等学校（あるいは仕事場）といった形で所属する組織・集団が変わることによって、〝組織・集団との関係世界〟における固有性が明らかになってきます。

思春期はアイデンティティの確立の時期といわれますが、それは、いいかえれば、「対幻想」「個人幻想」「共同幻想」という〝3つの対人関係〟の固有性を確立する時期だということができます。若者たちの〝自分探し〟が始まるのもこの時期です。また、家庭内暴力、いじめ、ひきこもり、自殺、異常犯罪といった問題が顕在化してくるのも思春期の特徴です。

以上が、乳児期から思春期までの「対幻想」「個人幻想」「共同幻想」の初源に関する考察になります。最後に〝まとめ〟として、発達心理学における代表的な理論であるエリクソン（ドイツの発達心理学者）の「心理社会的発達理論」を取り上げ、この理論に「対幻想」「個人幻想」「共同幻想」を対応づけてみたいと思います。

まず、「心理社会的発達理論」の概要を説明します。

エリクソンは、人生を乳児期から成熟期までの8つの段階に分けて、それぞれの発達段階に固有の「発達課題」があると考えました。「発達課題」とは、該当する発達段階の中心的な課題のことであり、その課題をクリアすることによって、ヒトは次の発達段階に支障なく進むことができる、という着想に基づいています。逆にいえば、「発達課題」をクリアできない場合、パーソナリティに〝ゆがみ〟が生じるとエリクソンは考えたのです。

ちなみに、エリクソンが考えた各発達段階における「発達課題」は、乳児期が〝基本的信頼〟、幼児期前期が〝自律性〟、幼児期後期が〝自主性〟、児童期が〝勤勉性〟、青年期（思春期）が〝自我同一性の確立（アイデンティティの確立）〟、初期成人期が〝親密性〟、成人期が〝世代性〟、成熟期が〝統合〟になります。

この「発達課題」を「対幻想」「個人幻想」「共同幻想」という〝3つの対人関係〟に対応づけることはできるでしょうか。

実際に対応づけてみると、面白いことに〝基本的信頼〟とは「対幻想」、〝自律性〟〝自主性〟とは「個人幻想」、〝勤勉性〟とは「共同幻想」というふうに8つの「発達課題」のすべてを〝3つの対人関係〟の課題として対応づけることができるのです（**表3**）。因子分析の考え方をひっぱり出せば、人生の決め手となる8つの「発達課題」因子の背後には、3つの潜在因子

表3 エリクソン「発達課題」と「心的現象論」“3つの対人関係”

エリクソン発達段階	エリクソン発達課題	⇔ 「心的現象論」“3つの対人関係”
（胎児期）	（—）	原生的疎外の状態（母親の心が胎児に転写される）
1．乳児期	基本的信頼	「対幻想」の展開（母親の心が乳児に転写される）
2．幼児前期	自律性	「個人幻想」の展開
3．幼児後期	自主性	
4．児童期	勤勉性	「共同幻想」の展開
5．青年期	同一性確立	「個人幻想」「対幻想」「共同幻想」の固有性の確立
6．初期成人期	親密性	「対幻想」の拡張
7．成人期	世代性	「対幻想」「共同幻想」の拡張
8．成熟期	統合	「個人幻想」「対幻想」「共同幻想」の固有性の再体制化

が存在していたといえます。もちろん、ここでいう3つの潜在因子とは「対幻想」「個人幻想」「共同幻想」のことになります。いいかえれば、エリクソンの「心理社会的発達理論」は、人間の発達を「対幻想」「個人幻想」「共同幻想」という〝関係性〟の視点からとらえたものだ、といっても過言ではないのです。

〈5〉〝ヒトの心〟を解き明かす鍵

① 西洋哲学という方法

ここでは、なぜ、吉本さんは「〝3つの対人関係〟が〝ヒトの心〟を解き明かす鍵だ」と考えたのか、ということに焦点をあてたいと思います。切り口として、まず西洋哲学を取り上げます。西洋哲学には古くから〝個と全体〟という重要なテーマがありました。それは具体的にいえば次のようなことになります。

人間の〝個体〟は必ず死に絶えるのに、人類〝全体〟の生命は、まるで永続するかのようにみえるのはなぜか。〝個々〟の人間が持つ時間（生誕から死まで）は、せいぜい１００年足らずであるのに、人類〝全体〟が持つ時間は、それをはるかに超えて続いていく。〝全体〟とは何なのか。〝個〟が持つ時間を「人生」とよび、〝全体〟が持つ時間を「歴史」とよぶとすれば、「歴史」には意味があるのか。「歴史」は〝個々〟の人間の存在が前提であるにもかかわらず、単なる〝個々〟の人間の総和ではなく、〝個々〟の総和以上の客観的な摂理と意味を持っているようにみえるが、それは本当なのか。本当だとすれば、それはなぜなのか。

こうした問いが次々と押し寄せてきて、〝全体と個〟の問題は〝世界と個〟や〝客観と主観〟といった問題につながっていきます。

吉本さんは、この西洋哲学の〝全体と個〟というテーマを『心的現象論本論』了解論のなかの了解の水準・了解の空間化・了解の様式で取り上げています。そこではヘーゲル、ニーチェ、エンゲルス、マルクス、さらにはハイデガー、フッサール、サルトル、メルロ＝ポンティに至るまでの数多くの哲学者の考え方を考察し、それぞれの哲学者がこの問題にどのように向き合ったかを述べています。私なりに全体を要約すれば、近代哲学は〝全体〟の立場に立ち、そこから〝個々〟の人間の果たすべき役割を考えてきたのに対し、現代哲学（現象学・実存主義）は徹底的に〝個〟の立場に立ち、そこから〝全体〟の問題をとらえようとした、ということができます。現代哲学は、ここからさらに〝構造〟という〝全体〟の問題に戻っていくのですが、そのことには立ち入りません。吉本さんは数多くの哲学者の考え方を紹介していますが、特定の哲学者に肩入れしようとしているわけではありません。もちろん、吉本さんは、それぞれの哲学者が〝個と全体〟の問題をどのように考えたかということに強い関心を示し、つまらぬ考えは排除しようとします。しかし、吉本さんが最も注意深く見つめているのは〝個と全体〟の内容そのものではなく、〝個と全体〟の関係の仕方なのです。そして、吉本さんは〝全体〟とは〝個〟の総和ではない、という立場に立つのです。〝全体〟とは、〝個〟の総和の中から〝ある種の普遍性〟を抜き出したものにすぎないのだと。したがって、〝個〟と〝全体〟とは決して等号（＝）で結ぶことはできないという考察にたどりつきます。吉本さんは〝個と全体〟のあるべき姿は、どれが最も適切かという抜き出し方ではなく、〝個〟と〝全体〟とはまったく別次元の人間的本質である、という抜き出し方をしたのです。いいかえれば「個人幻想」と「共同幻想」とを別次元の人間的本質としてとらえ、この関係を考察したのです。

　次に〝性〟の問題に移ります。男女の〝性〟の問題はどんな時代であれ、どんな民族であれ、ヒトがヒトとして生きるうえで重要な問題です。そんなことは誰だってわかっています。にもかかわらず、西洋哲学においては〝個と全体〟、あるいは〝個と世界〟、あるいは〝主観と客観〟というテーマが常に上位にあり、〝性〟の問題は、いつも影のようにしか存在してきませんでした。この影のようにしか存在してこなかった〝性〟の問題を、一挙に哲学・思想・心理学の表舞台に、しかも人間存在の根源として登場させたのがフロイトでした。吉本さんにいわせれば、フロイトは〝個〟と〝全体〟の問題を解くために、〝性〟の問題を取り上げたということになるのですが、いずれにしてもフロイトの考え方は徹底していました。〝個〟も〝全体〟も、すべては〝性〟に帰着する、と彼は主張したのです。しかし、フロイト学派の中からフロイトの考え方に首を傾げ、〝全体〟は〝性〟に還元しきれないと主張する一群の人たちが出てきました。アドラーやユングです。彼らはフロイトから離反していきました。ここでは深入りしませんが、アドラーの〝共同体感覚〟やユングの〝集合的無意識〟は、「共同幻想」の概念だということができますし、新フロイト派が重視した社会志向の考え方も「共同幻想」の問題を提起したといってよいでしょう。また、これとは逆にフロイト学派から、〝性〟を色濃く残しながらも〝個〟を重視する一群の人たちが出てきます。その代表的存在はコフートです。彼が「〝自己愛〟は〝他者愛〟に到るプロセスではなく、それ自体に価値がある」と述べたのは、1971年『自己の分析』においてでした。私たちは、フロイトの系譜の中で、〝性〟を基軸として考える流れは対象関係論、自我心理学として深化し、〝性〟だけでなく〝全体〟を重視する流れはユング心理学、アドラー心理学の流れとなり、〝個〟を重視する流れは自己心理学の流れになった、と大雑把に括ることができるのです。

いずれにしても、フロイトは〝性〟が人間的本質の1つであることを明らかにしたのです。吉本さんも、もちろん〝性〟を人間的本質と考えたわけですが、吉本さんの考察が抜きん出ているのは〝性〟の取り出し方にあります。吉本さんはフロイトの考察の中で最も重要なことは、〝性〟というよりも〝二者関係〟だと考えたのです。一対（ペア）の人間の観念（「対幻想」＝「私とあなたとの関係世界」）を人間的本質として取り出したのです。それは吉本さんのフロイト理解の深さともいえます。もちろん、一対（ペア）の人間の観念（「対幻想」）が性行為を基盤としていることは、すでにみてきたとおりです。しかし、吉本さんは観念の世界においては、〝男と男〟〝女と女〟〝男と女〟という二者関係をすべて「対幻想」として取り扱うことができると考えたのです。ヒトが〝両性具有〟であることを踏まえた考察だといってよいですが、〝両性具有〟については第4章の「〈2〉育児」であらためて論じることにします。ここで確認しておきたいことは、「対幻想」とは、〝一対（ペア）〟を意味するということです。だからこそ、吉本さんは「対幻想」を「性幻想」とよばなかったのです。この吉本さんの洞察の深さはどれほど強調しても強調しすぎることはないでしょう。

② 吉本さんの生活体験

前節では、私はまるで吉本さんが「個人幻想」「対幻想」「共同幻想」という考え方を西洋哲学の中から取り出してきたかのように述べました。吉本さんが、西洋哲学を深い洞察力によって読み解くことによって、自らのスタンスを編み出したかのように述べました。しかし、それはまったく違うのです。

確かに、吉本さんは戦後、政治・経済・哲学・思想・心理学・文学・宗教などに関する書物を読み漁っているのですが、それは吉本さんの戦争体験を抜きに語ることはできません。1945年、日本は戦争に負けました。この時、吉本さんは21歳の〝文学〟青年であり、また〝皇国〟青年でもありました。いま、ここで取り上げている〝個〟と〝全体〟ということでいえば、戦中の吉本さんの〝個〟（「個人幻想」）は〝文学〟に、〝全体〟（「共同幻想」）は〝皇国〟に象徴させることができます。

しかし、敗戦は吉本さんを粉々に打ち砕きました。敗戦によって吉本さんの〝皇国〟はガラガラと音をたてて砕け散ったのです。同時に、吉本さんの〝文学〟も大きく揺さぶられました。吉本さんは〝心のバランス〟を完全に失ったのです。しかし、問題がもしそれだけであったならば、吉本さんは個人的に立ち直り、〝一介の技術者〟としてつつましい一生を送ったかもしれません。しかし、そうはなりませんでした。なぜなら戦前から戦中にかけて〝皇国〟という「共同幻想」を煽りたてていた連中が、戦後、舌の根も乾かぬうちに〝民主主義〟という「共同幻想」をリーダー面して熱く語る姿をみたからです。この時、吉本さんは彼らを決して許すまいと誓ったのです。彼らを徹底的に打ちのめすことが、戦争で亡くなった、あるいは傷ついた人たちへの吉本さんの〝戦争責任〟であったのです。おのれの戦争体験を解き明かさなければならないという決意が吉本さんを追い詰め、駆り立てました。吉本さんは、おのれの砕け散った心の破片をかき集めながら考え抜きました。「言葉とは何か」「国家とは何か」「心とは何か」と。そして、それが『言語にとって美とはなにか』『共同幻想論』『心的現象論』に結晶したということができます。特に『心的現象論』は、序説の発表から32年間という長きにわたる思索の結晶です。

西洋哲学には、どこか〈知的ゲーム〉という感じや〈空虚さ〉がつきまといますが、吉本さんがつねに哲学者に対して問うのは「それは誰のためのゲームなのか」「それは何のためのゲームなのか」ということです。この問いは、吉本さん自身の生活体験を抜きにして考えることはできないのです。

第2章　〝心の不調〟とは〝対人関係の不調〟のことである

ここからは、吉本さんの考え方が私たちの暮らしの中でどのように役立つのかということを考えてみたいと思います。

もちろん、吉本さんは自らの「心の見取り図」を生活の中で活かしてほしいと思って『心的現象論』を書いたわけではありません。文芸批評の根拠を探り当てるために書いたのです。しかし、吉本さんの「心の見取り図」を私たちの生活の中で活かさない手はありません。ここでは〝心の不調〟に焦点をあてます。本章の結論を先に述べれば、あらゆる〝心の不調〟は「個人幻想」「対幻想」「共同幻想」の〝心の不調〟としてあらわれてくる、ということになります。

〈1〉生物学的精神医学と『心的現象論』の視点の違い

〝心の不調〟を論じるうえで、まず、『心的現象論』と精神医学との視点の違いについて述べておきたいと思います。

精神医学が学問体系として確立したのは、19世紀半ば、ヨーロッパの各大学が精神医学をひとつの学問領域として認めたことに始まります。当初、精神医学は、精神疾患の原因を身体に求める傾向があり、遺伝素因・体質などの要因を重視して精神疾患の〝疾病概念〟を基礎づけました。これを記述精神医学とよびます。19世紀末には、クレペリン、ブロイラー、シュナイダーらが統合失調症と躁うつ病を中心とした疾病の分類と定義を行いました。

こうした流れの中で、主に神経症の問題を取り扱ったフロイトの精神分析が興隆し、力動的精神医学が確立されます。力動的精神医学とは、精神症状の発症のメカニズムを性的発達論や防衛機制に根拠づける医学です。力動的精神医学は、第二次大戦後のアメリカで中心的な立場を占めるようになりましたが、20世紀半ばには、統合失調症やうつ病によく効く薬物が開発されることによって、精神医学は一挙に生物学的精神医学へと流れを転じていきます。

生物学的精神医学とは、極端ないい方をすれば「精神病とは脳の病いである」と考える立場です。統合失調症はドーパミンという神経伝達物質、うつ病はセロトニンという神経伝達物質の作用によって引き起こされる障害であると考えるのです。そこでは、ドーパミンやセロトニンを脳内でどうコントロールするかが中心的な課題となります。現在では、生物学的精神医学は、〝薬物によって身体的基盤を整え、精神疾患の治療の一助とする〟という枠組みからさらに一歩を踏み出し〝精神疾患の問題はすべて脳の問題に還元できるはずだ〟という枠組みへと突き進んでいるようにみえます。

また、こうした考え方が台頭する中で、精神疾患を病因ではなく症状として定義し、症状に基づく診断と分類の基準を明確化することが加速してきました。現在、国際的に用いられている主な診断基準は、アメリカ精神医学会によって作成されたＤＳＭ―Ⅳ（「精神疾患の診断・統計マニュアル第４版」）とＷＨＯを中心として作成されたＩＣＤ―10（「国際疾病分類第10

版」）になります。

たとえば、うつ病（メランコリー型）について、ＤＳＭ—Ⅳは次のように定義します。

①ほとんど毎日、１日中、抑うつ気分
②ほとんど毎日、１日中、興味がまったくわかない、楽しいことがまったくない
③食欲がなく体重減少、もしくは過食になり体重増加
④ほとんど毎日不眠、もしくは、いくら眠っても眠り足りない
⑤毎日疲れやすい、ほとんど１日中、気力がない
⑥ほとんど毎日、１日中、無感情、無反応
⑦ほとんど１日中、思考力がない、決断ができない
⑧ほとんど毎日、自分は無価値だと思ってしまう、あるいは罪悪感にとらわれてしまう
⑨毎日死にたいと思う

上記の①〜⑨までの症状のうち５つ以上の症状（①と②は必須）が２週間以上続いた場合、うつ病（メランコリー型）と診断されることになるのです。

これが、精神疾患を症状で定義するということです。精神疾患を病因ではなく症状として定

義することとは、精神疾患を主観的解釈ではなく、客観的な共通言語として取り扱うことを可能としましたが、反面、精神疾患をあたかも物理学の対象物のように取り扱うことになったともいえるのです。

生物学的精神医学とＤＳＭ―Ⅳの考え方で共通する点は、人間を〝個体〟、すなわち〝人間関係から切り離された一個人〟としてみることにあります。

では、〝人間関係から切り離された一個人〟が現実に繰り広げる対人関係を、生物学的精神医学やＤＳＭ―Ⅳは、どのように取り扱うのでしょうか。それは、人間と環境（外界）との関係のひとつ（にすぎないもの）として取り扱うのです。つまり〝対人関係〟というものに「対幻想」や「共同幻想」といった特別な意味づけを行わないのです。いいかえれば、生物学的精神医学やＤＳＭ―Ⅳは、生物学的な〝個体〟に焦点をあてることで〝対人関係〟の観点を脇に置くのです。具体的な例を出せば、生物学的精神医学は、〝ひきこもり〟をうまく取り扱えません。なぜなら、〝家にひきこもること〟そのものは精神疾患の〝症状〟ではないからです。あえて診断名をつければ、〝適応障害〟ということになるでしょう。しかし、それは〝環境（外界）との関係の不調〟として一般的な位置づけを行ったにすぎません。生物学的精神医学は、〝心の不調〟をあくまでも〝人間関係から切り離された一個人の症状〟としてとらえようとするのです。これに対して『心的現象論』は、〝心の不調〟を人と人とのあいだの問題としてとらえます。〝ひきこもり〟についていえば、〝組織・集団（社会）との関係世界〟で折り合いがつかなくなった〝心の不調〟としてとらえるのです。つまり、「共同幻想」と「個人幻想」との折り合いの問題としてとらえるのです。

〈2〉3つの〝対人関係の不調〟

〝ヒトの心〟は、「個人幻想」「対幻想」「共同幻想」のいずれかの〝対人関係〟として立ちあらわれるという吉本さんの考え方を拡張すれば、〝心の不調〟は「個人幻想」「対幻想」「共同幻想」のいずれかの〝対人関係の不調〟であるほかないということになります。正確にいえば「個人幻想」「対幻想」「共同幻想」のいずれかの〝対人関係の不調〟であるか、あるいは、これらの〝対人関係の不調〟が積み重なったものということになります。

たとえば、母親が子どもと一緒に歩いていて、母親がちょっと目を離した隙に、子どもが道路に急にとび出し、車に轢かれたとします。この時、子どもを抱きよせ半狂乱のように〝死なないで！〟と泣き叫ぶ母親は「対幻想」の〝心の不調〟の中にいるということができます。

また、この母親が「この子が轢かれたのは私が油断したせいだ」と思い、自分自身を責め始めたとすれば、この母親はたちまち「対幻想」だけでなく、「個人幻想」の〝心の不調〟をも抱えることになります。〝子どもをしっかり守ってやれない自分は駄目な人間だ〟という「個人幻想」の〝心の不調〟を抱えることになるのです。

もしここで、現実にはありえないことですが、この母親が「人は、誰でも事故にあうものだ」と思ったとすれば、子どもに対する態度はまったく異なったものとなるでしょう。そこでは〝心の不調〟は生じないかもしれません。

〝心の不調〟は、厳密にいえば直面している問題そのものから、直接生じることは決してないのです。〝心の不調〟は、その問題を〝どのように意味づけたか、どのように価値づけたか〟によって生じるのです。第1章でみてきたように、人がおこなう意味づけ、価値づけには自分自身との関係（「個人幻想」）、自分以外の一人の他者との関係（「対幻想」）、組織・集団との関係（「共同幻想」）がありますが、〝心の不調〟についても同じことがいえるのです。

「個人幻想」の〝心の不調〟は、症状としてはさまざまなあらわれ方をするとしても、本質的には〝自分自身とうまく折り合えない心の不調〟だということができます。一般的なあらわれ方としては〝自分に自信を持てない〟とか、〝生まれてこなきゃよかった〟とか、〝自分には何の価値もない〟というかたちであらわれることになります。

「対幻想」の〝心の不調〟は、症状としてはさまざまなあらわれ方をするとしても、本質的には〝重要な他者とうまく折り合えない心の不調〟だということができます。一般的なあらわれ方としては〝重要な他者から無視される（見捨てられる）〟とか、〝重要な他者との関係がぎくしゃくする（打ち解けられない）〃とか、〃重要な他者にしがみつく〃というかたちであらわれることになります。

「共同幻想」の〃心の不調〃は、症状としてはさまざまなあらわれ方をするとしても、本質的には〃組織・集団（社会）とうまく折り合えない心の不調〃だということができます。あるいは、〃共同的な観念（共同規範）とうまく折り合えない心の不調〃だということができます。一般的なあらわれ方としては〃組織・集団から仲間はずれにされる〃とか、〃組織・集団から監視される〃とか、〃組織・集団から〈お前は何者だ〉と問われる〃というかたちであらわれることになります。

シンボリックないい方をすれば、「個人幻想」の〃心の不調〃は「自己肯定感の低さ」のなかに、「対幻想」の〃心の不調〃は「空虚さ」のなかに、「共同幻想」の〃心の不調〃は「孤立感」のなかにあるということができるでしょう。いずれにしても、〃心の不調〃は〃自分自身とうまく折り合えない〃か、〃重要な他者とうまく折り合えない〃か、〃組織・集団とうまく折り合えない〃か、ということのいずれかであることを免れられません。正確にいえば〃心の不調〃の多くは、これら3つの〃対人関係の不調〃が積み重なったものとしてあらわれてくるのです。積み重なる理由の1つは時間的経過にあります。

一例としてＨＩＶ感染をあげます。ＨＩＶ感染は生物学的要因（身体的要因）として問題が発生したのちに心理的な問題が起きます。ＨＩＶ感染は現在、治療可能となったとはいえ、通常、心理的な問題としては〝死の恐怖〟からはじまります。つまり、まず〝自分が自分と折り合えない〟という「個人幻想」の問題として立ちあがってくるのです。これが心理的には一次的な障害です。次にＨＩＶ感染は文字通り感染するということから、配偶者など〝重要な他者との関係〟、つまり「対幻想」の問題ともなりうるし、また、社会的な差別・偏見により社会から拒絶される〈社会的死の恐怖〉という「共同幻想」の問題としても立ちあがってくる可能性があります。これが心理的には二次的な障害です。本書で用いる一次的、二次的という表現は、このような〝心の不調〟のあり方をさしているのだと考えてください。

では、次にこうした考え方を踏まえて、個々の〝心の不調〟が具体的にはどのような〝対人関係の不調〟であるのかを考えてみたいと思います。たとえば、最近よく話題になる「うつ病」は、どのような〝対人関係の不調〟なのでしょうか？

吉本さんは『心的現象論本論』の「関係論」の中で、うつ病の症例を丹念に検討したうえで、次のように結論づけています。

〈うつ〉関係を、他者との性的な関係に拡張しても、共同社会からの影響ということに拡大してかんがえても、ひとつの決定的な共通性があることに気がつく。つまり、このばあい他者も、社会も影のようにしか登場しないで、結局は病者自身の自身にたいする関係の異変に、〈うつ〉状態は還りついてしまうことである。他者に要求したり攻撃したり、嫌悪感をもったり、罪責感にさいなまれたりしても、すくなくとも他者の在り方のほうに責任があるとおもわれる例はかんがえられない。また、他者を非難し、他者の在り方を責めているときでも、じぶんあるいはじぶんの投影を責めたり非難したりしていることにしかなっていない。

（『心的現象論本論』関係論　36　〈うつ〉関係の拡張（3））

ここで吉本さんが述べていることは、「うつ病」とは一見〝重要な他者とうまく折り合えない〟ことや、〝組織・集団とうまく折り合えない〟ことから生じているようにみえる場合でも、本質的には〝自分自身とうまく折り合えない〟、つまり「個人幻想」の〝心の不調〟だということです。

吉本さんがこれを述べたのは1975年です。驚くべきことに、最近、日本でも話題になってきた「非定型うつ病」（他責というかたちであらわれるうつ病のこと）を35年前に考察しているのです。そして、「非定型うつ病」は、一見、「定型うつ病」と違うようにみえますが、本質は〝自分自身とうまく折り合えない〟「個人幻想」の〝心の不調〟だと論じているのです。

うつ病が「個人幻想」の〝心の不調〟だという吉本さんの表現が「わかりにくい」という方には、私が企業の勤労者向けに毎月配信している次のニュースレターを読んでいただきたいと思います。〝自分自身とうまく折り合えない〟ということがどういうことなのかはわかっていただけるはずです。

【ココロの居場所】
◆◇◆加藤和彦 ラストメッセージ◆◇◆

作曲家の加藤和彦さんが亡くなって、まる1年が経ちます。本当に1年が足早に過ぎ去っていきますが、今月は、加藤和彦さんのお話です。

人のメンタルな悩みは、さまざまですが、大別すると3つのグループに分けることができます。

それは「自分自身とうまく折り合えない」か、「重要な他者とうまく折り合えない」か、「組織・集団とうまく折り合えない」か、という3つです。

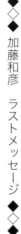

加藤和彦さんが亡くなったあと、友人の北山修さん（精神科医・作詞家）は、加藤和彦さんの自殺について、こんなふうに語っています。

「葬儀も終わり、自死の悲報から1週間も経つと、少しずつ涙も枯れてきた。一人になるとすぐに悲しみがこみあげてくる状態だったが、今ではこれだけ人に衝撃を与えて、悲しませたのだから、あいつは〈大ばかやろう〉だったと大声で言いたい時も出てきた。そして、これまでの追悼の場では言えなかった彼の死についての思いを、少し距離を置いて語っておきたい。」と述べた後で加藤和彦さんを死に追いやったものについて、こう言っています。

「加藤和彦は、作曲し演奏し歌い録音しながら編集する音楽家としてだけではなく、グルメでありながらの料理をするコック、モデルをやりながらのデザイナーであり、普通はあり得ない役割を両立させる天才だった。その結果、この格好いいミュージシャンによって生み出される作品は完成度の非常に高いものになり、聴衆もそれを喜んだし、私も十分に楽しませてもらった。しかし、才能豊かな芸術家が陥りやすい不幸なのだが、すべて彼自身の中の批評家がうるさくチェックするので、客は喜んでも、ずっと加藤自身は、なかなか十分な満足の得られない状態だったと思う」と。

つまり、加藤和彦さんは「自分自身と折り合えなかった」のだと北山修さんは語っているのです（傍線・傍点：宇田）。北山さんだけでなく加藤さん自身も、遺書の中で、そのことを認めています（加藤和彦さんは数通の遺書を書いていますが、そのうち、個人宛てではなく書かれたものが葬儀の来場者に公開されました）。

「今日は晴れて良い日だ。こんな日に消えられるなんて素敵ではないか。私のやってきた音楽なんてちっぽけなものだった。世の中は音楽なんて必要としていないし、私にも今は必要もない。創りたくもなくなってしまった。死にたいというより、むしろ生きていたくない、生きる場所がない、と言う思いが私に決断をさせた。

どうか、お願いだから騒がないで頂きたいし、詮索もしないで欲しい。ただ、消えたいだけなのだから…

平成二十一年十月十六日
加藤和彦

現場の方々にお詫びを申し上げます。面倒くさいことを、すいません。ありがとう。」
（傍線：宇田）

加藤和彦さんは、〈私がやってきた音楽なんてちっぽけなものだっだ〉というのです。誰もがそんなふうに思わないのに、加藤さん自身は「自分と折り合うことができない」のです。

「自分自身と折り合えない」病気、その典型がうつ病です。「自分自身と折り合えない」という意味は、自分自身の視えない手で自分の首を絞めているのに、自分自身は、自分が自分の首を絞めていることに気づかない、ということです。

今、うつ病は日本だけでなく世界中に蔓延しています。こうした状況の中で、私たち自身に、今、何かできる予防策があるとすれば、それは「自分自身と折り合う」ことなのです。「自分自身と折り合う」ということは、自分の首を絞めている自分自身の視えない手を緩めることにほかなりません。

あなたは、自分の手で自分自身の首を絞めていませんか。

うつ病が「個人幻想」の〝心の不調〟であるという考え方は理解していただけたでしょうか。誰もが、加藤和彦さんの音楽をつまらない音楽だとは思っていないのに、本人は「自分を認められない」のです。「自分自身と折り合い」がつかないのです。

ちなみにうつ病の3大妄想とは「貧困妄想」「罪業妄想」「心気妄想」ですが、重要なことは、この妄想がすべて一次的には自分自身に関するものだということです。「私は貧困だ」「私は罪深い人間だ」「私は不治の病に罹っている」というところに特徴があります。

うつ病が「個人幻想」の〝心の不調〟だとすれば、次にやってくる問いは当然、「対幻想」の〝心の不調〟とは何か、「共同幻想」の〝心の不調〟とは何か、ということになります。実は、この問題をすでに考えてきた人がいます。精神科医の森山公夫さんと高岡健さんです。2人によれば、「共同幻想」の〝心の不調〟の典型は統合失調症であり、「対幻想」の〝心の不調〟の典型は解離性障害ということになります。

統合失調症は妄想や幻覚などの症状を示す精神疾患ですが、この病気の特徴は〈作為体験〉と〈思考察知〉にあります。〈作為体験〉とは自分の行動はすべて第三者の意志に操られているという体験であり、〈思考察知〉とは自分の心の中が周囲の人たちに読まれているという体験です。中心的な症状としては〝迫害妄想〟があります。〝迫害妄想〟とは、たとえば〈家の中に隠しマイクがあって、それで私を監視したり、噂をしたりする。相手が解らないので、その理由を訊き出すわけにもいかない。自分はとてもこんな生活には堪えられない〉というような体験です。うつ病の妄想が自分自身に関する妄想であるのに対して、統合失調症の妄想は見知らぬ他者に関する妄想になります。それは〝組織・集団から仲間はずれにされる〟、あるいは〝組織・集団から監視される〟、あるいは〝組織・集団から〈お前は何者だ〉と問われる〟

ことにほかなりません。つまり、統合失調症は〝組織・集団と折り合えない〟「共同幻想」の〝心の不調〟ということができます。精神科医の笠原嘉さんは、統合失調症（分裂病）が〝組織・集団（社会）とうまく折り合えない心の不調〟であることを次のような表現で述べています。

分裂病は既知の脳器質性の精神病と臨床所見からみてどう違うか。私の少々荒っぽいまとめ方によると、心の病といっても、これは「知性や意識の低下ではなく社会性・常識性の破綻が一次的な病気」です。

（『精神病』Ⅷ章　分裂病の原因について）

解離性障害は人格が解離する精神疾患です。解離症状とは、自分自身が誰なのかわからなくなったり、突然放浪し過去の出来事の記憶を喪失したり、自分自身の人格が多重化する症状をさします。ただ、解離そのものが異常なのではありません。解離（多重化）は人間の能力のひとつだと考えられています。たとえば、〝高速道路でおしゃべりに夢中になりながらも車線変更ができる〟というようなことを私たちは日常、なにげなく行っています。これが〝正常〟な解離です。これに対して解離性障害は〝重要な他者との関係〟の葛藤の中で起こります。〝重要な他者との関係〟に葛藤が生じた時、その葛藤を直接、相手（重要な他者）にぶつけず、ぶつけないかわりに自らの身体、意識、同一性を（無意識に）多重化させることによって、葛藤に対処しようとするのです。つまり、解離性障害は、自分自身を解離させることによって、〝重要な他者との関係〟を修復させようとする「対幻想」の〝心の不調〟なのです。

精神科医の柴山雅俊さんは、解離性障害が〝重要な他者とうまく折り合えない心の不調〟であることを次のような表現で述べています。

解離の患者は基本的に人に対する不信感と怯えを持っている。もちろん特定の人から離れることにつよい不安を感じたり、しがみついたりすることはしばしばみられ、それが特徴的な場合もある。しかし、彼女たちの心の奥には人に対する過敏な怯えが基本的にあるように思う。

（『解離性障害』第三章　彼女たち（彼ら）はどのように感じているか）

統合失調症の中にあらわれてくる他者が基本的に〝未知の他者〟であるのに対して、解離性障害の中にあらわれてくる他者は〝既知の他者〟という特徴があります。

私たちは、うつ病を「個人幻想」、統合失調症を「共同幻想」、解離性障害を「対幻想」の

〝心の不調〟ととらえてきましたが、では、そのほかの精神疾患はどうでしょうか。

多くの〝心の不調〟は、3つの〝対人関係の不調〟が積み重なっているため、〝一次的な障害のありか〟を特定することは容易ではないのですが、いくつかの精神疾患については〝心の不調〟の主調音を聴き分けられそうです。**表4**に分類したのでみてください。

「共同幻想」の〝心の不調〟は、〝組織・集団（社会）とうまく折り合えない心の不調〟です。統合失調症をはじめとして、人格障害A群、対人恐怖症、ADHD、自閉症などをあげることができます。

ここではADHDについて説明します。ADHDは、「集中せず飽きっぽい（注意欠陥）」「我慢できず衝動的である（衝動性）」「落ち着きがない（多動性）」などの症状を抱えた子どもにつけられた診断名です。学校での集団生活にうまく適応できないため、いじめられることになりやすく、そして、いじめられることによって自信を失うことになりがちです。つまり、ADHDは一次的な障害が〝組織・集団とうまく折り合えない〟「共同幻想」の、二次的な障害が〝自分自身に自信が持てない〟「個人幻想」の〝心の不調〟だということができます。

「対幻想」の〝心の不調〟は、〝重要な他者とうまく折り合えない心の不調〟です。解離性障害をはじめとして、人格障害B群、神経性無食欲症（拒食症）、転換性障害、物質関連障害（薬物・アルコールほか）などをあげることができます。「対幻想」の〝心の不調〟の人は、基

表４　“心の不調”の分類

共同幻想の問題	対幻想の問題	個人幻想の問題
（一般的状況）	（一般的状況）	（一般的状況）
・組織、集団と折り合えない	・重要な他者と折り合えない	・自分自身と折り合えない
・仲間はずれにされる	・重要な他者に無視される	・自分に価値を見いだせない
統合失調症	解離性障害	（躁）うつ病
妄想性人格障害　A群	反社会性人格障害　B群	回避性人格障害　C群
分裂病質人格障害	演技性人格障害	依存性人格障害
分裂病型人格障害	境界性人格障害	強迫性人格障害
対人恐怖症	自己愛性人格障害	パニック障害
ＡＤＨＤ	神経性無食欲症（拒食症）	強迫性障害
自閉症	転換性障害	全般性不安障害
	物質関連障害	恐怖症性障害（社会不安含む）

本的に自分自身とは折り合っているのですが、重要な他者と折り合えなくなることによって、二次的な障害として自分自身と折り合えなくなるケースが多くあります。

ここでは人格障害について説明します。人格障害とは、パーソナリティの偏りがあまりにも極端なために、本人が苦しんだり、あるいは周囲の人が悩まされたりする〝心の不調〟をさしています。自己愛性人格障害から説明します。自己愛性人格障害は、〝自己愛〟と名づけられているため、「個人幻想」の〝心の不調〟と思われるかもしれませんが、この障害の主調音は「他者から賞賛を浴びれば、自信が持てる」「賞賛を浴びなければ、自信が持てない」ということにあります。つまり、一次的な障害が〝重要な他者とうまく折り合えない〟「対幻想」の、二次的な障害が〝自分自身とうまく折り合えない〝「個人幻想」の〝心の不調〟なのです。

次に境界性人格障害について説明します。境界性人格障害の主調音は「重要な他者から相手にされたら、自信が持てる」「相手にされなかったら、自信が持てない」ということにあります。この障害は重要な他者の〈理想化〉と〈こきおろし〉、あるいは重要な他者からの〈見捨てられ不安〉というかたちであらわれることになります。やはり、一次的な障害が「対幻想」の、二次的な障害が「個人幻想」の〝心の不調〟となります。

同様に演技性人格障害の主調音は、「自分の演技が他者から注目されれば、自身が持てる」「注目されなければ、自信が持てない」ということにあります。やはり、一次的な障害が「対幻想」の、二次的な障害が「個人幻想」の〝心の不調〟です。同様に反社会性人格障害の主調音は、「重要な他者（狙いをつけた他者）を服従させることができれば満足する」「服従させることができなければ、自分がギクシャクする」ということにあります。やはり一次的な障害が「対幻想」の、二次的な障害が「個人幻想」の〝心の不調〟です。

「個人幻想」の〝心の不調〟は、〝自分自身とうまく折り合えない心の不調〟です。うつ病をはじめとして、人格障害C群、パニック障害、強迫性障害、全般性不安障害、恐怖症性障害（社会不安障害を含む）などをあげることができます。「対幻想」の〝心の不調〟の人との違いでいえば、「個人幻想」の〝心の不調〟の人は自分自身と折り合えていないので、他者とは協調的であるかのように振る舞うことが多くあります。

ここでは強迫性障害について説明します。強迫性障害は症状としては強迫観念と強迫行為に分けられます。強迫観念は、ある思考やイメージが繰り返しあらわれて、強い不安や苦痛が引き起こされることをさします。強迫行為は、強迫観念による不安、苦痛を減らそうとする反復的な行為をさします。手を洗う、確認する、数を数える、といった行為が症状としてよくみられます。この障害の本質は、本人が強迫観念や強迫行為を不合理で無意味なものだとよくわかっているにもかかわらず、これをコントロールすることができないことにあります。強迫性障害とは、自分自身が「こんな馬鹿なことをする必要はない」とわかっていながらも、わかっている自分を〝信じることができない〟、あるいは、わかっている自分に〝自信が持てない〟「個人幻想」の〝心の不調〟です。

以上で「共同幻想」「対幻想」「個人幻想」の〝心の不調〟に関する代表的な精神疾患の説明を終えますが、表４については、もう一点、説明しておきたいことがあります。

それは「〝他者〟とは何か、〝集団〟とは何か」という問題です。

アカデミックな学問体系が、〝二者関係〟としての他者と〝集団関係〟としての他者を明確に区別していないことは第１章ですでに述べました。家族心理学と社会心理学という学問領域は別個に存在しているのですが、それは現在、〝家族〟と〝社会〟が現実に存在しているという事実に基づいているのであって、決して〝家族〟と〝社会〟とを原理的に区別して学問領域を分けているわけではないのです。このため、表4では誰がみてもわかる〝ちぐはぐさ〟が〝対人〟や〝社会〟という言葉をめぐってあらわれてくるのです。

具体的にいうと表4の中で対人恐怖症は「共同幻想」、反社会性人格障害は「対幻想」、社会不安障害は「個人幻想」の〝心の不調〟として分類されています。なぜ、〝対人〟あるいは〝社会〟という言葉で表現された〝心の不調〟が、「共同幻想」「対幻想」「個人幻想」のすべての領域にバラバラに存在するのか、ということをここでは考えたいと思います。

まず、対人恐怖症と社会不安障害の違いについて考えます。もともと日本には対人恐怖症という診断名しか存在していなかったのですが、DSMの導入によって、社会不安障害の概念が日本に入ってきたという経緯があります。このため、この2つの概念の異同が精神医学界でも論争になりました。論点は、この2つの障害は同じ概念とみなしてよいか、あるいは異なる概念なのか、ということにあります。

対人恐怖症は、自分の視線や臭いや赤面が他人に不快感を与えるのではないか、という妄想的な確信を抱く障害です。他人を恐怖することは誰にでも起こり得ることですが、対人恐怖〝症〟は妄想的な確信によって恐怖が恐怖をよぶという構造を持っています。根底には「私はみんなに受け入れられないのではないか」「みんなは私を仲間はずれにするのではないか」という思い込みがあります。対人恐怖症の人が気にしているのは、実は〝みんなに溶け込めないこと〟なのです。

一方、社会不安障害は、悩みのベクトルがまったく逆になります。人前で話したり、パーティに参加した時、「自分の馬鹿さ加減がばれるのではないか」「自分の自信のなさが露見するのではないか」という思いが極度に高じてくる障害です。そのために、過度な緊張で頭が真っ白になったり、人前で手先が震えたり、声が出なくなったりします。症状自体は、これも誰にでも起こり得ることですが、そのことによって日常生活に支障が出るようになると社会不安障害ということになります。社会不安障害の人が気にしているのは〝自信のない自分〟や〝自分の自信のなさ〟を見破られることなのです。

『心的現象論』の立場からいえば、対人恐怖症とは〝仲間はずれにされたくない〟「共同幻想」の〝心の不調〟であり、社会不安障害は〝自分自身に自信が持てない〟「個人幻想」の〝心の不調〟ということになります。しかし、アカデミックな学問体系では、対人恐怖症と社会不安障害を、うまく位置づけることが難しいのです。とても〝すわりが悪い〟のです。なぜなら、繰り返しになりますが、対人恐怖症と社会不安障害とを区別する原理的な枠組みがないからです。ちなみに、社会不安障害は、日本ではこれまで英語名「Social Anxiety Disorder」を直訳した〝社会不安障害〟の表記が用いられていましたが、２００８年に日本神経学会は、より症状の実体にあわせるという意味で〝社交不安障害〟と名称変更をしています。

次に反社会性人格障害について考えてみたいと思います。反社会性人格障害の一次的な障害は、すでにみてきたとおり〝私とあなたの二者関係が折り合わない〟ことにあります。〝反社会〟という名称がつけられていますが、実際には〝共同体の規範と折り合わない〟という「共同幻想」の人格障害ではありません。

特定の相手の権利や感情を無神経に軽視したり、不誠実で欺瞞に満ちた言動を行う人格障害なのです。そして、このようなトラブルを通じて、二次的な障害として〝組織・集団（社会）と折り合わない〟ことが起こりうるのです。

私たちは、第1章で〝対人関係〟を「共同幻想」「対幻想」「個人幻想」に分けて概念化することに本当に意味があるのだろうか、という問題に突きあたりましたが、そこでは問題を先送りしました。この先送りした問題が、今ここで取り上げたことに対応しているのです。つまり、「共同幻想」「対幻想」「個人幻想」という概念の枠組みを持つことによって、初めて対人恐怖症、社会不安障害、反社会性人格障害の位置づけを明らかにすることができるのです。

本章のまとめとして、〝心の不調〟を〝対人関係の不調〟という観点からとらえることの取り柄を述べておきたいと思います。

ひとつは、あらゆる〝心の不調〟を取り扱うことができるということです。これまで精神疾

表５　異常行動

共同幻想の問題	対幻想の問題	個人幻想の問題
殺人（戦争：自爆テロ含む）	殺人（怨恨）	殺人（金銭目的）
リンチ	ＤＶ	自殺
	児童虐待	

患や人格障害についてのみ検討してきましたが、それらに限定されるものではありません。

たとえば〝いじめ〟〝ひきこもり〟〝カルト〟は「共同幻想」の問題であり、〝ストーカー〟〝性的逸脱〟は「対幻想」の問題になります。さらに、人間が犯してはならないとされる異常行動についても、それが〝どのような対人関係の問題なのか〟を基本的に特定することができます（**表５**）。なお、ここでいう〝心の不調〟は、たとえそれが器質的な問題（たとえば脳の問題）に起因するものだったとしても、〝心の不調〟である限りその問題は〝対人関係の不調〟として立ちあらわれてくるということを意味します。

もうひとつの取り柄は、〝心の不調〟を軽減・解消するうえで、どのような対人関係の調整をすればよいか、という目安がつくということです。〝心の不調〟の主調音を聴きわけることは、問題解決に役に立つことが多くあります。悩みの主調音が〝自分自身と折り合えない〟ことなのか、〝重要な他者と折り合えない〟ことなのか、〝組織・集団と折り合えない〟ことなのか、を問うことは、問題解決の糸口となることが多いのです。非常におおまかないい方をすれば、「個人幻想」の〝心の不調〟は自己との〝和解〟、自己の〝受容〟が課題であり、「対幻想」の〝心の不調〟は重要な他者と〝打ち解けること〟（あるいは〝離れること〟）が課題であり、「共同幻想」の〝心の不調〟は集団関係において〝安心して過ごせること〟（あるいは〝離れること〟）が課題だということができます。

〈3〉木村敏の〝心の不調〟と〈時制〉

最後に、〝心の不調〟を〝対人関係の不調〟としてとらえることが、木村敏《きむらびん》さん（精神病理学者、精神科医）の臨床哲学の考え方と多くの共通点を持つことについて触れておきたいと思います。

木村さんは、精神医学的な経験と哲学的な分析を通じて、臨床哲学の思索を展開してきた極めてユニークな人物です。木村さんの臨床哲学の考え方の根底には、人と人との「あいだ」に関する深い洞察があります。だから〝対人関係〟に着目する吉本さんと木村さんとの考え方に多くの共通点があることは驚くに値しません。驚くべきことは、木村さんが精神疾患の患者の心的時間を、過去・現在・未来という〈時制〉でとらえたことにあります（本書では、吉本さんの〈時間〉概念と木村さんの〈時間〉概念を区別するために、木村さんの〈時間〉概念を〈時制〉という言葉で一部置き換えます）。

木村さんによれば、うつ病とは〈過去の未完了〉ということになります。うつ病患者の心的体験は、「取り返しのつかないことになってしまった」という思いの中にあります。〈今、ここ〉で生きているにもかかわらず、心的体験としては〈心、ここにあらず〉の状態となるのです。「あの時、ああすればよかった」「あの時、あのことさえなければ……」「あの時、自分の力不足で……」という思いが、繰り返し繰り返し心の中に立ちあらわれてくるのです。うつ病患者は、〈過去〉という時制にくぎづけになって、そこから抜け出せないのです。

これに対して、統合失調症とは〈未来の不安の先取り〉ということになります。統合失調症患者の心的体験は、「まだ来ない明日のことを確かなものとして受け取りたい」という思いの中にあります。〈今、ここ〉で生きているにもかかわらず、現実から意味を構成するのではなく、〈明日の不安の先取り〉から意味を構成することになるのです。まだ来ない明日は、「まだ来ていない」がゆえに不確かなものとしてしか存在できません。にもかかわらず、統合失調症患者は、まだ来ない明日を確実に安心できるものとして受け取りたいのです。つねに未来への「次の一手」を探しているのです。統合失調症患者は、〈未知なる未来〉しかみていません。〈終わった過去〉については驚くほど無関心です。いいかえれば、統合失調症患者がまったく無関心な〈過去〉に執拗にこだわり続けるのが、うつ病患者ということになります。逆にいうこともできます。うつ病患者は〈未知なる未来〉という言葉さえ持っていないと。

これに対して、解離性障害とは〈現在への没入〉ということになります。いいかえれば、〈過去と未来の欠落〉の中で生きることになるのです。うつ病患者や統合失調症患者の心的体験の特徴は〈今、ここ〉から離れてしまうことにあります。これに対して、解離性障害の患者は〈今、今、今、今……〉を生きるのです。そのため、心的体験としては葛藤が存在しません。葛藤が存在しないかわりに、〈現在〉だけに停滞する息苦しさと空虚さを体験することになるのです。リアリティ（現実感）はあるのに、アクチュアリティ（生命感）がないのです。〈過去の欠落〉は記憶の健忘としてあらわれ、〈未来の欠落〉は目的の喪失としてあらわれます。それは、たとえば放浪というかたちであらわれます。そして〈過去と未来の欠落〉は人格の一貫性の欠落としてあらわれるのです。

木村さんは、こうした〝心の不調〟の〈時制〉の問題を〝祭り〟という言葉で表現しています。うつ病とは〈祭りの後〉の、統合失調症とは〈祭りの前〉の、解離性障害（木村さんは離人症について考察している）とは〈祭りの最中〉の〝心の不調〟だということになります。木村さんのすごさは〝心の不調〟の心的時間を過去・現在・未来として見定めたことだけではありません。〝心の不調〟とは、心的時間が過去・現在・未来のどこかにくぎづけにされ、自由に行き来することができなくなった状態のことだ、ということを明らかにしたのです。吉本さんと木村さんの考えをあわせていえば、次のようにいうことができるでしょう。

「共同幻想」の〝心の不調〟は、〈未来の不安の先取り〉〈まだ来ない明日への怯え〉の中にあり、「対幻想」の〝心の不調〟は、〈過去と未来の欠落〉〈今日へのしがみつき〉の中にあり、「個人幻想」の〝心の不調〟は、〈過去の未完了〉〈終わったはずの昨日へのこだわり〉の中にあると。しかし、なぜ「共同幻想」の〝心の不調〟は〈未来〉の中にあり、「対幻想」の〝心の不調〟は〈現在〉の中にあり、「個人幻想」の〝心の不調〟は〈過去〉の中にあるのでしょうか。

木村さんはハイデガーと西田幾多郎の思索を踏まえて、「時間と自己はほとんど同義語だ」といいます。つまり、「時間とは何か」という問題は「自己とは何か」という問題に置き換えることができるというのです。どういうことでしょうか。

それは、〈自己〉が〈時間〉を生み出すということです。木村さんによれば、〈自己〉は「ノエマ的自己」と「ノエシス的自己」という2つの〈自己〉にわかれます。そして、この2つの〈自己〉の差異が時間を生み出すということになるのです。それでは、「ノエマ的自己」とは何でしょうか。「ノエシス的自己」とは何でしょうか。

誤解を恐れずにいってしまえば、「ノエマ的自己」とは「体壁系」のことであり、「ノエシス的自己」とは「内臓系」のことになります。「ノエマ的自己」、つまり「体壁系」は、外部知覚（感覚器官）を起点とする〝心の世界〟であり、外部知覚が外界を空間化することによって〈現在〉を生み出します。これに対して「ノエシス的自己」、つまり「内臓系」は、内部知覚（内臓感覚）を起点とする〝心の世界〟であり、内部知覚が固有の〝志向性〟を持つことによって〈過去から未来へ〉という時間の流れを生み出すのです。

そうだとすれば、木村さんが提起した過去・現在・未来という〈時制〉の問題は、「体壁系」と「内臓系」の問題に還元できることになります。

もう一度、問いにもどりましょう。

なぜ、「共同幻想」の〝心の不調〟は〈未来〉の中にあり、「対幻想」の〝心の不調〟は〈現在〉の中にあり、「個人幻想」の〝心の不調〟は〈過去〉の中にあるのでしょうか。

私たちは、今、この問いを解き明かすことはできないとしても、はっきりいえることがあります。それは、この問いが第1章で向きあった問題だということです。つまり、「体壁系」「内臓系」と「共同幻想」「対幻想」「個人幻想」が交錯するところで、一体何が起きているのだろうか、という問題（図3、P31と図7、P49との問題）に、ここでも直面しているのです。

第３章　〝心理療法〟を〝対人関係〟の視点から読み解く

第2章では〝心の不調〟に焦点をあてましたが、本章ではさらに踏み込んで〝心理療法〟に焦点をあてます。現在〝心理療法〟は、私たちの生活の中で確かな居場所を持っているわけではありません。また、確かな居場所を持つことがよい社会の証《あかし》ともいえません。しかし、今という時代の〝きつさ〟をしのいでいくために、〝心理療法〟のエッセンスを理解しておくことは決して無駄にはなりません。ここでは『心的現象論』の立場から、どのような〝心の不調〟にどのような〝心理療法〟が有効なのかを述べたいと思います。なお、ここでいう〝心理療法〟とは「〝心の不調〟で悩みや不安をかかえる人（クライエント）を心理的コミュニケーションによって援助する専門家（セラピスト）の行為」をさすものとします。

〈1〉臨床心理学と『心的現象論』の視点の違い

心理療法を論じるうえで、まず、最初に臨床心理学と『心的現象論』との視点の違いについて説明したいと思います。臨床心理学は寄木細工のようなところがあるので、単純な比較はできないのですが、そのことも含めて概要を説明したいと思います。

現代心理学は、1879年にヴィントが世界で最初の心理学実験室を作ったことから始まります。ヴィントは、〝意識〟を心理学の主要な研究対象としました。内観法（心の中の〝意識〟を観察する方法）によって心の構成要素を明らかにし、それらを総合的に組み合わせることで

〝意識〟を解明しようとするもので、後に構成主義心理学とよばれることになります。しかし、この考え方と方法論は、他の学派から集中砲火を浴びることになったのです。

どのような集中砲火を浴びたかといえば、主に３つの方向から砲火を浴びました。１つは、行動主義心理学の立場からの批判です。〝意識〟は主観的なものであって、科学の対象とするには適切ではないから、〝行動〟に焦点をあてることが科学にふさわしいアプローチである、という批判です。もう１つは、精神分析の立場からの批判です。人間の心を解明するうえで重要なのは〝意識〟ではなく、〝無意識〟であるという批判です。さらにもう１つはゲシュタルト心理学の立場からの批判です。心において重要なのは個々の〝意識〟の〝構成要素〟ではなく、〝全体性（ゲシュタルト）〟であるという批判です。

１３０年前に始まったこの論争は、驚くべきことに現在も継続しています。論点は一貫して「心をとらえるうえで何が重要か」ということにあります。〝意識〟か〝無意識〟か〝行動〟か、それとも〝全体性（ゲシュタルト）〟かという論争が１３０年間、延々と続いてきたのです。

１３０年間の論争のポイントを簡単に述べると、当初、集中砲火を浴びた〝意識〟を重視する考え方（構成主義心理学）は、コンピューターの隆盛を背景に〝認知心理学〟として復活しました。また、人間の実存性や実現化傾向に焦点をあてた〝人間性心理学〟が〝全体性

（ゲシュタルト）〟の系列の心理学として生まれてきました。さらに、これに加えて〝行動〟と〝認知〟を統合する考え方から、認知行動理論が生まれました。認知行動療法は現在、心理療法の中において中心的な位置を占めつつあります。

こうした臨床心理学内の論争を『心的現象論』の立場からコメントするとすれば、どのようなことがいえるでしょうか。それは〝意識〟も〝無意識〟も〝行動〟も〝全体性（ゲシュタルト）〟も人間の心を考えるうえでは「いずれも重要なんだ」ということに尽きます。したがって、どれが一番重要かという論争にはあまり意味がないということになります（だからこそ、論争がいつまでも続くともいえます）。ただ、この論争には〝科学〟をどう考えるかという問題が潜んでいるのですが、そのことはあとで考えることにしましょう。『心的現象論』の立場からいえば、〝意識〟〝無意識〟〝行動〟〝全体性（ゲシュタルト）〟の優劣を論争することよりも、〝対人関係〟から心を読み解く方が重要だということになります。

〈2〉心理療法の有効性

まず、最初に「心理療法は本当に有効なのか」ということを考えてみたいと思います。実は1952年に心理学者アイゼンクが「神経症レベルのクライエントであれば、心理療法を受けても受けなくても75％の人に症状の改善がみられる」という論文を発表したことが引き金となって、心理療法の効果に疑念が生じたのです。「心理療法を受けない人よりも治癒率が本当に高いといえるのか」ということが学界で重大なテーマとなったのです。

この議論は、１９７８年にバーギンとランバートが、アイゼンクの論文のデータをそのまま用いて「心理療法を受けている人は受けていない人より明らかに症状が改善していること」を証明し、また、その後のさまざまな研究もバーギンとランバートの研究を支持したため、心理療法の有効性に関する論争は決着しました。それ以降、心理療法に関するテーマは変化します。「心理療法は本当に有効なのか」というテーマから「心理療法の効果を左右する要因は何か」「どういう技法がどのような問題に効果的か」というテーマへと変化するのです。この変化は１９８０年代に起きました。

〈3〉心理療法の共通原理

ここでは「心理療法の効果を左右する要因は何か」ということを切り口にして、心理療法の有効性をあらためて考えてみたいと思います。まず、２００から３００あるといわれる心理療法の共通原理に焦点をあてます。

１９９２年に、ランバートが「心理療法が成功するための共通要因」を発表しています。ランバートによれば、心理療法において最も重要なことは「理論・技法ではなく、セラピストとクライエントとの関係性」でした。そして、セラピストとクライエントの関係性の中心には〝共感〟があったのです。

これは驚くべきことではないでしょうか。それぞれの心理療法学派が〝心とは何か〟を考え抜いたうえで理論を構築しているにもかかわらず〝心の不調〟を治癒させるものは、そうした理論や技法ではなく、「セラピストとクライエントの関係性」だというのです。そして、その関係性の中心に〝共感〟があるというのです。

〝共感〟とは何なのか？ そして、なぜ〝共感〟は絶大な治療効果を持っているのか？ この問いに答えることは、簡単なようで実はたいへん難しいです。それは〝愛〟とは何か、〝愛の力〟とは何かに答えるのが難しいように、です。しかし、心理療法はセラピストの〝共感〟がなければ成立しないため、臨床心理学のテキストには〝共感〟の重要性が必ずといっていいほど解説されています。

「クライエントが、誰にも言えぬ〝心の悩み〟を語り始めるためには、セラピストの〝共感〟がなければ、本当のことなど言えるはずがない」……「クライエントの内的世界に沿ってクライエントを理解する、そのためには〝共感〟が必要なのである」……「〝共感〟とは〝同情〟ではない」……「クライエントの私的な世界を、あたかも自分自身のものであるかのように感じ取る、これが共感である」などなどです。

しかし、これらの解説がすべて正しいとしても、〝共感〟そのものを言い尽くしているようには思えません。そもそも〝共感〟や〝愛〟や〝信頼〟といった〝関係性の概念〟は、定義することが難しいのです。むしろ、定義できないと考えた方がよいでしょう。あえていえば、〝関係性の概念〟は、あとになって、そこに〝共感〟や〝愛〟や〝信頼〟があったと考えると、いろいろなことが都合よく「あぁーそうだったのか」と納得できる、そうしたものではないでしょうか。「全然、説明になっていないよ」という声が飛んできそうなので、例をあげて説明したいと思います。

今、ここに非常に優れた外科医がいたとします。そして、この外科医に子どもがいたとします。実は、この子は重い疾病を患っていて、心肺の同時移植手術を受けなければならない状況にあります。この時、この優秀な外科医は自分の子どものために心肺移植手術のメスを握るでしょうか？

たぶん、現実にはメスを握らない、いや、握れないと思います。自分以外の信頼できる外科医に手術を頼むことになるでしょう。なぜか。それは、自分の子どもを〝モノ〟のようには扱えないからです。なぜ、〝モノ〟のようには扱えないのか。それは、そこに〝愛があるから〟としかいいようがないのです。私たちが考える〝二者の関係性〟や「対幻想」の正体とは、実はこんなふうにしかいいあらわせないのです。

しかし、やはりこれでは説明になっていないので、まったく違う角度から〝共感〟を考えてみたいと思います。初源を問うのです。

つまり、「〝共感〟とは何か」ではなく、「〝共感〟の初源とは何か」を問うのです。それは乳児期の〝母子関係〟にまでさかのぼることを意味します。

赤ちゃんが泣いているとします。この時、赤ちゃんは自分の身体感覚に突き動かされて泣くのですが、「お腹がすいている」「おしめを替えてほしい」「まわりの音がうるさい」とわかって赤ちゃんは泣いているのではありません。母親が、「あぁー、お腹が減ったのね」とか「おしめをとりかえなきゃね」とか「ごめん、目覚ましの音がうるさいのね」とか話しかけることで、赤ちゃんは自分の身体感覚の意味に気づいていくのです。つまり、母親から話しかけられることによって自分自身に気づいていくのです。

この時の母親が赤ちゃんに向けた〝まなざし〟こそ、〝共感〟なのです。クライエント中心療法を提唱したロジャースの言葉でいえば、この母親の〝まなざし〟は、受容・共感・自己一致の〝まなざし〟だということができます。

そこには〝投影〟が生じています。〝投影〟とは、二者関係の中で「自分の中にある感情や欲望を相手が持っているものだと思うこと」をさします。自分が相手に対して何らかの感情を抱いた時、その感情を自分の感情ではなく、相手が自分に差し向けている感情だと思うのです。

赤ちゃんは、ただ泣いているだけなのに、母親は「あぁー、お腹が減ったのね」と思う。その思いは厳密にいえば母親自身の思いにもかかわらず、あたかも赤ちゃんがそれを発しているかのように受けとめるのです。そして、赤ちゃんは母親から〝投影〟されることによって「あぁ、お腹が減っているんだ」という気づきが起こります。これを〝取り入れ〟といいます。赤ちゃんの〝心〟は、こうした〝投影〟と〝取り入れ〟によって目覚めていく（動態化していく）のです。

カウンセリングの現場で、クライエントは自分の中にある「なにかモヤモヤしたもの」を語っているうちにセラピストがそれに言葉を返していきます。セラピストが返す言葉は、厳密にいえばセラピスト自身のものにすぎないのですが、まるでクライエントのものであるかのようにクライエントに返っていくのです。そして、こうした関係の中でクライエントに気づきが起こるのです。このようなやり取りによって、クライエントの硬直した、あるいはパターン化した〝心〟に再び柔軟性や弾力性が息を吹き返してくるのです。赤ちゃんの〝心〟が動態化したように、クライエントの〝心〟が動態化するのです。セラピストが母親と同質の〝まなざし〟をクライエントに向ける時、クライエントに治療的な変化が生じるのです。これが〝共感〟の正体です。

いいかえれば、セラピストがクライエントに〝共感〟の〝まなざし〟を投げかけた時、クライエントに治療的な変化が生じるのは、クライエントがかつて母親との関係において〝心を動態化させた〟ことの学習効果だといえます。クライエントとセラピストとの関係において乳児期の母子関係が再現、あるいは反復されるのだ、といってよいでしょう。クライエントはセラピストの〝まなざし〟に母親の〝まなざし〟を重ねているのです。これこそが〝共感〟の絶大な治療効果にほかならないのです。

なお、〝投影（投射）〟という概念について補足しておきます。臨床心理学でいう〝投影〟とは、一般には二者関係の中で自分の中に生じたネガティヴな感情を、相手が自分に差し向けた感情だと思うことになります。自分が相手に「イヤな奴だ」と感じた時、相手が自分を「イヤな奴だ」と感じていると思うのです。「そんな馬鹿なことが起きるはずがない」と思うかもしれませんが、乳児期の母子関係とは今みてきたように、〝投影〟そのものの世界なのです。

吉本さんは〝投影（投射）〟について、次のように述べています。

精神医学者が患者を〈異常〉あるいは〈病的〉と判断したとき、じっさいは患者の挙動の観察と、じぶんのじぶんに対する省察や体験や知識の総和が投射されたものといっていい。この投射の構造のなかに人間の心的領域に共通な基軸をさぐりだすべき鍵がかくされているのだが、このことはもちろん臨床的な精神医学の範囲とはるかにちがった問題である。

（『心的現象論序説』Ⅱ　３　異常または病的とはなにか　傍線：宇田）

吉本さんは、〝投影〟のメカニズムについて、きっとこういうふうに考えたにちがいありません。「なぜ、二者関係で〝投影〟という不思議な現象が起こりうるのだろうか」と。そして、〝投影〟の初源を探った末にたどりついた場所が母子関係であったにちがいありません。吉本さんの「乳胎児期に母親の心が子どもにすべてコピー（転写）される」という洞察は、間違いなくこの〝投影〟と〝取り入れ〟というメカニズムによって成り立つ、ということができます。

〈4〉心理療法の個別性（固有性）

①行動療法、認知療法、認知行動療法

前節では心理療法における〝共感〟という共通原理をみてきました。ここでは逆に「どのような心理療法がどのような〝心の不調〟に効果的なのか」という個別性（固有性）に焦点をあてます。各心理療法学派が認めるかどうかは別として、一般的に統合失調症には集団療法が、

解離性障害には精神分析が、強迫性障害には行動療法が効果的であるといわれています。仮にそれが本当だとすれば、なぜ、心理療法には得意な分野や不得意な分野があるのでしょうか。そして、そのことは何によって根拠づけられるのでしょうか。これが、ここで取りあげたい問題です。

200から300あるといわれる心理療法の中で、〝効果の実証〟を最も重視する心理療法は行動療法、認知療法、認知行動療法になります。したがって、ここではまず最初に、これら3つの心理療法がどのような〝心の不調〟に有効なのかをみることにしたいと思います。

1995年に米国心理学会のタスクフォースが、〝十分に確立された介入法〟として評価した技法が公表されています（**表6**）。この公表資料から〈効果が十分に確立された介入法〉を拾い上げてみると、行動療法、認知療法、認知行動療法が圧倒的に多く見られます。

表6の公表された介入法は、心理療法の名称ではなく技法の名称なので、どのような心理療法が、どのような精神疾患に有効なのかは表から一目瞭然というわけにはいきません。たとえば、エクスポージャー法とは行動療法の一技法です。ただ、ここではそれぞれの技法の帰属に関する説明は省き、結論だけを述べます。表6から判断できることは、行動療法、認知療法、認知行動療法の介入が有効な精神疾患名は、（躁）うつ病、パニック障害、全般性不安障害、恐怖症性障害、強迫性障害ということになります。これを第2章でみた表4の診断名と突き合

表６　【米国心理学会のタスクフォースによって評価された心理療法（技法）】

	介入法	対象
効果が十分に確立された介入法	Beck の認知療法	うつ病
	行動変容法	発達障害
	行動変容法	尿失禁と便失禁
	行動療法	頭痛と過敏性大腸症候群
	行動療法	女性のオルガスムス障害と男性の勃起障害
	行動夫婦療法	（同上）
	認知行動療法	慢性疼痛
	認知行動療法	パニック障害（広場恐怖のあるものも）
	認知行動療法	全般性不安障害
	エクスポージャー法	恐怖症（広場恐怖、社会恐怖、単一恐怖）と PTSD
	反応制止エクスポージャー法	強迫性障害
	家族教育プログラム	統合失調症
	集団認知行動療法	社会恐怖
	対人関係療法	大食症
	対人関係療法	うつ病
	親業訓練プログラム	反抗行動のある子ども
	系統的脱感作法	単一恐怖症
	トークンエコノミープログラム	（同上）

※『講座　臨床心理学１　２部３章　実証にもとづく臨床心理学』
（丹野義彦　東京大学出版会）より抜粋

わせて〇で囲んでみると、結果は**表7**のとおりとなります。また、表4には掲載されていない精神疾患名で行動療法、認知療法、認知行動療法の介入が有効なものがあります。総じて、これらの障害は身体機能に密接に関連しています。したがって、これらの心理療法は刺激―反射（「原生的疎外」）の機能不全にも効果があるといえそうですが、その点についてはここでは立ち入りません。

　表7からわかることは、行動療法、認知療法、認知行動療法は「個人幻想」の〝心の不調〟に著しい治療効果をあげている、ということです。つまり、「自分自身とうまく折り合えない」「自分自身に自信が持てない」といった〝心の不調〟に対して、これらの心理療法は著しい効果をあげていることになるのです。

　では、なぜ行動療法、認知療法、認知行動療法は「個人幻想」の〝心の不調〟に著しい効果をあげているのでしょうか。この問いは、心理療法の〝原理と効果との関係〟を読み解くうえで非常に重要な意味を持っているにちがいありません。ここでは、行動療法の理論的背景をかいつまんで説明したいと思います。「行動療法、認知療法、認知行動療法なんて聞いたこともないよ」という読者の方には少しわかりにくい話になりますが、これから登場する4人の人物（ワトソン、トールマン、スキナー、リネハン）が行動理論をどのように発展させたか、ということに注目してください。

表７【行動療法、認知療法、認知行動療法の効果が実証された診断名（○印）】

共同幻想の問題	対幻想の問題	個人幻想の問題
（一般的状況） ・組織、集団と折り合えない ・仲間はずれにされる	（一般的状況） ・重要な他者と折り合えない ・重要な他者に無視される	（一般的状況） ・自分自身と折り合えない ・自分に価値を見いだせない
統合失調症 妄想性人格障害 分裂病質人格障害 分裂病型人格障害 対人恐怖症 ＡＤＨＤ 自閉症	解離性障害 反社会性人格障害 演技性人格障害 境界性人格障害 自己愛性人格障害 神経性無食欲症（拒食症） 転換性障害 物質関連障害	（躁）うつ病 回避性人格障害 依存性人格障害 強迫性人格障害 パニック障害 強迫性障害 全般性不安障害 恐怖症性障害（社会不安含む）

行動療法を中心に説明します。行動理論は、20世紀初頭にワトソンが提唱したことから始まります。その理論的骨子は「心理学が科学であるためには、環境（刺激）と人間の行動（反応）に着目することが適切だ」という考え方にあります。ワトソンの考えの根底には〝科学〟があるのです。〝心を科学的に取り上げるためには行動に着目するしかない〟という考え方です。また、行動理論は〝人間の不適応行動とは過去の不適切な学習に基づくものであり、学習をやりなおすことにより不適応行動を修正することができる〟と考える立場でもあります。

ワトソンのこの考え方は古典的行動主義とよばれていますが、理論的な背景として〈外界の刺激に反応する人間〉という図式があります。これをモデル化すると〈刺激（Ｓ）→反応（Ｒ）〉モデルということになります。

これに対して、トールマンは行動の決定因として刺激と反応との間に〝媒介変数〟が存在すると主張しました。これは目的論的行動主義とよばれています。

〝媒介変数〟とは何でしょうか。たとえば、ここに〝おいしい御馳走がある〟とします。これに〝すぐ飛びついてガツガツ食べる〟という行動は古典的行動主義で説明できます。しかし、〝おいしい御馳走がある〟にもかかわらず、人間は〝食べない〟という態度も取り得ます。そこには〝やせるために我慢しよう〟という思い（認知）があったかもしれません。この〝やせるために我慢しよう〟という思い（認知）が〝媒介変数〟なのです。したがって、目的論的行動主義のモデルは古典的行動主義の〈S—R〉モデルに〝媒介変数〟を加えた〈刺激（S）→媒介変数（O）→反応（R）〉モデルとよばれています。

トールマンが媒介変数（O）という考え方を提唱したことにより、行動理論は媒介変数（O）を重視する認知理論と同じ基盤に立つことになり、のちに認知行動理論がここから生み出されることになるのですが、ここでは認知理論、認知行動理論には深入りしません。

重要なことは、行動療法、認知療法、認知行動療法の理論的背景にある共通項を見落とさないことです。それは、人間を〝人間関係から切り離された一個人〟とみなしているということです。

ここでいう〝人間関係から切り離された〟という意味は、生物学的精神医学でもふれましたが、〝対人関係を持たない〟という意味ではなく、〝対人関係〟を特殊な関係として位置づけず、環境との関係のひとつとして位置づけるということになります。つまり、「対幻想」とか「共同幻想」といった特殊な人間的関係性を前提とせず、環境全般との関係性のひとつとして対人関係をとらえるということです。そういう意味では、これらの心理療法は生物学的精神医学との親和性が極めて高いのです。ただし、古典的行動主義が〝原生的疎外〟の心的世界にアプローチしているのに対して、目的論的行動主義は〝媒介変数〟という〝純粋疎外〟の心的世界にもアプローチしていることになります。

表7をもう一度みてください。『心的現象論』の立場からいえば、行動療法、認知療法、認知行動療法は、人間を〝他者との人間関係から切り離された一個人〟とみなしてよい領域、つまり「個人幻想」の領域において〝十分に効果が確立された治療方法〟だということができます。もっとわかりやすい言い方をすれば、「行動療法、認知療法、認知行動療法は〝自分自身との折り合い〟に苦しんでいる人に非常に有効な心理療法だ」ということになります。

それは、人間を〝人間関係から切り離された一個人〟とみなす理論の当然の帰結でもあるのです。

しかし、これで行動療法、認知療法、認知行動療法の考察を済ませるわけにはいきません。なぜなら、これらの心理療法は、人間を〝他者との人間関係から切り離された一個人〟とみなす立場から、徐々にその考え方を変化させてきているからです。

　その変化はスキナーから始まります。スキナーはトールマンの目的論的行動主義に反対して、あくまでも〈刺激（S）→反応（R）〉モデルにこだわりました。このことから、スキナーの立場は徹底的行動主義とよばれるのですが、スキナーの主張はワトソンの古典的行動主義と同じではありません。トールマンが〝媒介変数〟とよんだ意識・認知などの心的過程も反応に含まれるとスキナーは考えたのです。つまり、スキナーの考えをモデル化するとすれば、〈刺激（S）→反応（R）（ただし、この反応（R）には媒介変数（O）が含まれている）〉モデルということになります。

　重要なことは、モデルそのものではなく、スキナーがこのモデルの〝拡張した反応（R）〟の中に人間だけに起こる反応（文化的慣習）を想定したことにあります。

　スキナーは、〝文化的慣習を人間だけに起こる特殊な反応〟として特別な重みづけを行ったのです。スキナーがいう文化的慣習とは、具体的にいえば〈言語や貨幣〉のことになります。スキナーが〈言語や貨幣〉について特別な重みづけをしたことは、本書の文脈でいえばスキナーが「共同幻想」を認めたことを意味しています。なぜならば、〈言語や貨幣〉は〝観念の共同性〟、つまり「共同幻想」に基づくものだからです。

　現代の行動理論は、スキナーの応用行動分析モデルによって〝人間関係から切り離された一個人〟という枠組みに、〝集団関係における一個人〟という枠組みを付加したといってよいでしょう。

スキナーが行動理論に「共同幻想」を持ちこんだことによって、行動理論は飛躍的な発展を遂げることになります。行動理論の優れたところは、自らの基本的な原理でさえ、必要であれば修正できる能力を持っていることにあります。それは、行動理論が「効果のない心理療法は仮説が間違っているか、やり方が間違っているかのどちらかだ」という〝優れた意味での科学性〟を有しているからです。理論というものは、現実とどれだけ乖離しても自らの原理にこだわるものなのに、行動理論はそうではないのです。

〈S—R〉モデルで〝ある現象〟をとらえようと試みて、それがうまくいかない時、〈S—R〉モデルそのものが本当に正しいのかどうかを検証する能力をもっているのです。これが行動理論の〝優れた意味での科学性〟であり、方法論としてのすばらしさです。

ここまで、スキナーの徹底的行動主義の〝科学性〟をほめたたえましたが、トールマンが〝原生的疎外〟の心的世界に〝純粋疎外〟の心的世界を〝媒介変数〟として分けて組みこんだものを、スキナーは分けずに〝原生的疎外〟と〝純粋疎外〟の心的世界をごちゃまぜにしてしまったということもできます。しかし、２つの心的世界を同時に扱えることで、スキナーの行動理論は汎用性を飛躍的に高めることになったのです。もっと違ういい方をすれば、行動理論は〝原生的疎外〟の心的世界をベースにしながらも、そこに〝純粋疎外〟の心的世界をどう組みこめるかという課題に挑み続けたということができます。

ちなみに行動理論の〝あまり意味のない科学性〟とは、「心を科学的（客観的）に解明するには〝行動〟に注目する必要がある」という時の科学性です。科学が〝無意識〟をうまく取り扱えないとしても、〝無意識〟に基づいた心理療法に効果があれば〝無意識〟を仮定すればよいのですが、行動理論はまるで信念のように〝無意識〟を拒絶するのです。

しかし、人は科学的に（あるいは意識的に）生きているわけでもないですし、また科学的に（あるいは意識的に）生きることに価値があるわけでもありません。文学は大学では〝人文科学〟というジャンルに分類されますが、夏目漱石や太宰治を科学的に解析することにどれほどの価値があるでしょうか。そもそも、科学という方法自体〝心〟が生み出したoutputの１つにすぎないのに、筋金入りの行動主義者は、「〝心〟が〝心〟を取り扱う方法と、〝心〟が〝石ころ〟を取り扱う方法は同じでなければならない」と考えているのです。

話を戻しましょう。行動理論に関してもうひとつ説明したいことがあります。それはリネハンが提唱した弁証法的行動療法のことです。弁証法的行動療法は、境界性人格障害を主要な治療ターゲットとする心理療法になります。米国心理学会のタスクフォースは、弁証法的行動療法を境界性人格障害の治療において〝おそらく有効的な介入法〟と評価しています。つまり、もう少しきちんと実証できれば、弁証法的行動療法は表6に書き加えられる心理療法なのです。

それはたいへんめでたい話なのですが、ひとつの疑問が生じます。境界性人格障害はすでにみてきたように「対幻想」の〝心の不調〟です。一方、行動療法は「個人幻想」の〝心の不調〟に対して強みを発揮する心理療法です。なのに、なぜリネハンの弁証法的行動療法は「個人幻想」の〝心の不調〟ではなく、「対幻想」の〝心の不調〟に対して〝おそらく有効な介入法〟となり得たのでしょうか。いいかえれば、弁証法的行動療法は、いわゆる行動療法と一体何が違うのでしょうか。

この問いにリネハン自身は次のように答えています。「この数年、行動療法家の間では、受容重視の介入と変化重視の介入の不均衡を是正する必要性について認識が高まっている」と。

ここでリネハンがいう〈受容重視の介入〉とは、〝二者の対人関係〟、つまり「対幻想」を重視した介入のことを意味しており、〈変化重視の介入〉とは、〝人間関係から切り離された一個人〟、つまり「個人幻想」を重視した介入のことを意味しています。

したがってリネハンが言っていることは、次のようにいいかえることができます。

「この数年、行動療法家の間では、『対幻想』を重視した介入と『個人幻想』を重視した介入の不均衡を是正する必要性について認識が高まっている」と。

つまり、リネハンは「対幻想」の技法を行動療法に持ちこんだのです。境界性人格障害の

〝不調〟の主調音は、「〝重要な他者〟から相手にされたら、自信が持てる」「相手にされなかったら、自信が持てない」ということにあります。一次的な障害が「対幻想」の、二次的な障害が「個人幻想」の〝心の不調〟です。

したがって、リネハンは、境界性人格障害の一次的な障害に対しては「対幻想」を重視した介入を行い、二次的な障害に対しては「個人幻想」を重視した介入を行うことが大切だと述べているのです。いいかえれば、リハネンまできて、行動理論は心的疎外論（原生的疎外—純粋疎外）の枠組みを超え、関係論（個人幻想—対幻想—共同幻想）の問題を直接、理論の中に組み入れることになったのです。

ここでは、行動療法について要約をしておきたいと思います。

〈1〉行動療法は〝人間関係から切り離された一個人〟に焦点をあてることで、「個人幻想」の〝心の不調〟に対して著しい効果をあげている。

〈2〉行動理論は〝効果がないこと〟がはっきりすれば〝人間関係から切り離された一個人〟という理論的な原則をも手放すだけの柔軟性・弾力性を持っている。

〈3〉スキナーの技法には「共同幻想」が組み込まれている。

〈4〉リネハンの弁証法的行動療法には「対幻想」が組み込まれている。

〈5〉〈2〉～〈4〉の取り組みにより、広義の行動療法は〝3つの対人関係〟すべての〝心の不調〟を取り扱える汎用性の高い心理療法となった。

②行動療法、認知療法、認知行動療法以外の心理療法

次に問うべきことは何でしょうか。それは、行動療法、認知療法、認知行動療法以外の心理療法は、一体どのような〝心の不調〟に有効なのか、ということです。

残念ながら、1995年に米国心理学会のタスクフォースが発表した〝十分に確立された介入法〟には、これらの心理療法はほとんど取り上げられていません（ただし、対人関係療法は評価されているので、そのことはあとで触れます）。米国心理学会によれば、多くの心理療法は実証的でない、ということになるのです。しかし、効果のない心理療法が生き残れるはずはないので、ここではそれぞれの心理療法の効果を各心理療法理論から推定することにします。

心理療法をそれぞれの理論に基づいて3つのタイプ（A型、B型、C型）に分けましたので、まず、その一覧表を先にみていただきたいと思います。**表8**になります。

表8の各タイプの特徴を説明する前に、全タイプの共通原理をあらためて述べておきます。それは、どのタイプも基本的にはセラピストとクライエントとの関係（「対幻想」）を重視する、ということです。

そのことを踏まえたうえで、各タイプの特徴を説明したいと思います。

まず、A型の特徴について述べます。A型は、セラピストとクライエントの関係を最重要視する心理療法タイプで、クライエント中心療法とナラティブ・セラピーをあげることができます。A型は〝共感〟原理主義といってよいほど、セラピストとクライエントの関係にこだわる心理療法です。やり取りは主に言語を介して行われ、特別なツールを用いない点に際立った特徴があります。この点があとで述べるC型との大きな違いです。

セラピストとクライエントの関係を重視するということでいえば、C型もA型と同一タイプなのですが、この2つのタイプを同一のタイプとして取り扱うと心理療法の個別性（固有性）を非常に大雑把にしかとらえられなくなります。では、個別性（固有性）をきめ細かくとらえるためには何が必要なのでしょうか。

私たちは、またもやあの問題に直面します。「内臓系」「体壁系」という問題にです。「内臓系」「体壁系」という〝身体性〟の視点を組み込むことによって、初めて一つひとつの心理療法の違いを確かな手ごたえでつかむことができるのです。このことは、あらためてC型タイプの箇所で述べることにしましょう。

ここでは、A型の見落としてはならないもう1つの特徴を述べておきます。それは、セラピストとクライエントの関係（「対幻想」）を重視する心理療法でありながら、A型タイプの心理

表8 心理療法の分類

<table>
<tr><th></th><th>共同幻想の問題への適用</th><th>対幻想の問題への適用</th><th>個人幻想の問題への適用</th></tr>
<tr><td></td><td>（一般的状況）
・組織、集団と折り合えない
・仲間はずれにされる</td><td>（一般的状況）
・重要な他者と折り合えない
・重要な他者に無視される</td><td>（一般的状況）
・自分自身と折り合えない
・自分に価値を見いだせない</td></tr>
<tr><td>A型</td><td colspan="3">クライエント中心療法
ナラティブ・セラピー</td></tr>
<tr><td>B型</td><td>集団療法
社会学習
（ユング心理学）
（アドラー心理学）</td><td>精神分析
弁証法的行動療法
家族療法
内観療法
交流分析
（対人関係療法）</td><td>行動療法
認知療法
認知行動療法
理性感情行動療法</td></tr>
<tr><td>C型</td><td colspan="3">イメージ療法、催眠療法、
フォーカシング、
自律訓練法 C—1型

遊戯療法、芸術療法、
箱庭療法、
実存主義的心理療法、
ゲシュタルト療法 C—2型

森田療法 C—3型</td></tr>
</table>

療法は、単に「対幻想」の〝心の不調〟だけでなく、「共同幻想」や「個人幻想」の〝心の不調〟にも効果がある、ということです。

なぜ、セラピストとクライエントの「対幻想」を重視することによって、「対幻想」の問題だけでなく、「共同幻想」や「個人幻想」の問題にも効果が波及するのでしょうか。それは「共同幻想」と「個人幻想」が「対幻想」から分化したものだからです。この分化については、すでに「第1章〈4〉③発達段階〈乳児期〉」の項でみてきましたが、「対幻想」での良好な関係が、「共同幻想」や「個人幻想」の関係においてもよい影響をもたらすのです。

次にB型の特徴について述べます。B型は、〝特定の対人関係の心の不調〟において顕著な効果を持つ心理療法タイプになります。

まず、「共同幻想」の〝心の不調〟、つまり〝組織・集団（社会）と折り合えない心の不調〟に特に効果的な心理療法について述べます。この心理療法タイプには、集団療法、社会学習（モデリング）、ユング心理学、アドラー心理学などをあげることができますが、ここでは集団療法について説明します。

集団療法は、集団力動を活用することによって「共同幻想」の〝心の不調〟を軽減、解消することに強味を発揮する心理療法になります。集団力動とは、概念でいえば「集団規範」「集団心」「集団凝集性」などをさしますが、これらの力動によって、クライエントに変化が起きます。受動性から能動性へという変化が起きるのです。それはクライエントが〝組織・集団（社会）と折り合っていく〟ことだともいえますし、〝生き生きと活動できる場〟がクライエントに安心感をもたらすことだともいえます。この〝場と個人〟の相互作用について、柄谷行人は著書『畏怖する人間』（講談社）で次のように述べています。なお、ここでの〝精神病者〟とは統合失調症患者をさしています。

六〇年安保のころ、精神病者が「治癒」してさかんに活動したが、闘争が終るとまた病院にもどったという、嘘のような本当の話を、信頼しうる人から聞いたことがある。戦時中には精神病者は少なかったそうだし、たぶん六八年から九年にかけても同じようなことがあったにちがいない。こういう事例を確信せざるをえないのは、大なり小なり私自身もその一人だったような気がするからである。
病者が水を得た魚のように生き生きと活動しえたのは、現実世界が病的だったからだという解釈も可能だろうが、私はそうは思わない。その見方は、病人ですら「現実」に参加し、やがてそこから退却して再び内部の密室に閉じこもったというような見方である。そが、実際は逆に、外界の方が突然彼に近づき、やがて彼を見すてて遠のいたのである。そんなふうに私にはみえる。

柄谷さんがここで述べていることを、今、私たちが考えている問題の〝文脈〟で取りだせば、それは「〝組織・集団（社会）と折り合える〟ことが、『共同幻想』の〝心の不調〟者にとって、いかに治癒的な意味をもつか」ということになります。

集団療法以外の心理療法も紹介しておきたいと思います。表8をみてください。カッコ付きでユング心理学、アドラー心理学が記載されています。カッコ付きの意味は、これら2つの心理療法は、「対幻想」「個人幻想」の〝心の不調〟にも効果があることを示しています。ただ、これら2つの心理療法の特色は「共同幻想」の〝心の不調〟に大きな効果を持つことにあります。

ユング心理学は、〝集合無意識〟という概念を用いて「共同幻想」の〝心の不調〟を取り扱う心理療法です。具体的な技法としては夢分析を用います。普通、統合失調症患者に夢分析やイメージを用いることは、患者を混沌とした世界に導きかねないので安全策（たとえば風景構成法における枠づけ）を講じないかぎり危険とされているのですが、ユング心理学は、むしろ積極的にこれを用いることに際立った特徴を持っています。

アドラー心理学は、〝共同体感覚〟という概念を用いて「共同幻想」の〝心の不調〟を取り扱う心理療法です。〝共同体感覚〟による共同体への貢献を重視します。また、アドラー心理学は〝共同体感覚〟とは別に〝ライフタスク〟という概念も用います。〝ライフタスク〟とは、〈人生において解決を迫られる問題〉のことを意味するのですが、３つの内容から構成されています。

第１に、家族や恋人などの極めて親しい他者との関係性の問題であり、これを〝愛のタスク〟とよんでいます。第２に、一般的な友人関係や仕事や地域での関係性の問題であり、これを〝交友のタスク〟とよんでいます。第３に、第１、第２以外の関係性の問題であり、これを〝仕事のタスク〟とよんでいます。アドラー自身の言葉でいえば、「アドラー心理学は、仕事、交友、愛の３つの問題のいずれかに分類できない人生の問題を知らない」ということになります。私はアドラー心理学でいう〝愛のタスク〟とは「対幻想」のことであり、〝交友のタスク〟とは「共同幻想」のことであり、〝仕事のタスク〟とは「個人幻想」のことだと考えます。

以上が、Ｂ型「共同幻想」の心理療法の概要になります。次にＢ型「対幻想」の〝心の不調〟、つまり〝重要な他者と折り合えない心の不調〟に特に効果的な心理療法について述べます。

この心理療法タイプには、精神分析、弁証法的行動療法、家族療法、内観療法、交流分析などをあげることができます。〝家族〟の問題で特に強みを発揮する心理療法といえるでしょう。Ａ型との違いでいえば、Ａ型の「対幻想」とは一義的にはセラピストとクライエントの関係を意味しますが、これに対してB型の「対幻想」とはクライエントの生活上の「対幻想」、具体的にいえば、親と子、夫と妻、上司と部下といった関係のことを意味しています（対人関係療法では、これを「親しさサークル」という言葉で説明します）。

ここでは精神分析について説明したいと思います。精神分析はフロイトがヒステリー（現在は解離性障害という）の治療の中で創始した心理療法です。精神分析は〝二者関係〟の中で生じる「転移」を重視します。「転移」とは心理療法の中で、クライエントにとっての重要な他者（父や母など）の面影が、現実に対面しているセラピストの姿に重なることを意味します。精神分析は「転移」を活用しながら、クライエントの心の中に抑圧された過去の嫌な体験や不快な思いを意識化させることを目指す心理療法です。

精神分析以外にもうひとつ、B型で「対幻想」の〝心の不調〟に特に効果的な心理療法を紹介しておきたいと思います。それは、対人関係療法です。表8をみてください。表8には対人関係療法がカッコ付きで記載されていますが、このカッコ付きの意味は、ユング心理学やアドラー心理学と同じく、単に「対幻想」だけでなく「共同幻想」や「個人幻想」の〝心の不調〟にも効果があることを示しています。米国心理学会のタスクフォースからは、うつ病、過食症に対して〝効果が十分に確立された介入法〟として評価されています（表6、P125）が、なぜ、「対幻想」の〝心の不調〟に大きな効果を持つ対人関係療法が「個人幻想」の〝心の不調〟

であるうつ病の治療で評価されているのかということを簡単に説明しておきたいと思います。
実は、対人関係療法は〝心の不調〟を〝４つの問題領域〟にわけてとらえるのです。〝４つの問題領域〟とは、〈１〉悲哀、〈２〉対人関係上の役割をめぐる不和、〈３〉役割の変化、〈４〉対人関係の欠如の４領域をさしていますが、対人関係療法がうつ病に著しい効果があるのは、〝悲哀〟という問題領域を設定したことが大きな要因としてあげられます。なぜならば、〝悲哀〟という問題領域は、自分自身との関係世界、つまり「個人幻想」の問題領域であると考えることができるからです。

以上が、Ｂ型「対幻想」の心理療法の概要になります。次にＢ型「個人幻想」の〝心の不調〟、つまり〝自分自身と折り合えない心の不調〟に特に効果的な心理療法について述べたいと思います。

この心理療法タイプには、行動療法、認知療法、認知行動療法、理性感情行動療法などをあげることができます。行動療法が「個人幻想」の〝心の不調〟に対して、顕著な効果を発揮することはすでに前節で述べましたので、ここでは認知行動療法の技法について説明します。

行動療法の技法には、系統的脱感作法、エクスポージャー、暴露反応妨害法などの技法がありますが、これらの技法の目的は、『心的現象論』の立場からいえば「自分自身に自信を持つ」「自分自身と折り合う」ことにあります。認知行動療法の技法も同じです。たとえば、今ここに〝仕事は完璧に仕上げなければならない〟と考えている人がいるとします。この人は、仕事が忙しくなって、一つひとつの仕事を完璧に仕上げることができなくなると〝心の不調〟を起こしやすくなります。なぜならば、〝仕事は完璧に仕上げなければならない〟と考えている自分と折り合うことができなくなるからです。

認知行動療法は、この人に対して認知を緩めることを勧めます。〝仕事は完璧に仕上げなければならない〟という認知を〝仕事は完璧に仕上げた方がいい〟という認知に変更することを勧めるのです。「ねばならない」から「した方がいい」という認知に変えることで、たとえ仕事を完璧に仕上げることができない現実があっても、自分自身と折り合いやすくなるからです。

こうした認知の偏りの修正は、他者との対人関係の認知であっても自分自身の認知の問題として取り扱うところに、B型「個人幻想」の心理療法の特徴があります。よくあるケースでいえば、母子関係で母親が「子どもが自分（母親）よりも、父親になつくのが許せない」ということがあります。この場合、認知行動療法では、このことをあくまでも母親個人の認知の問題として取り上げ、「子どもが自分（母親）よりも父親になついてもかまわない」といった認知に母親を導くことになります。これに対してB型「対幻想」の心理療法では、この問題はあくまでも母子、あるいは夫婦という二者の関係性の問題、二者のあいだの問題として取り扱うことになります。ここに「個人幻想」と「対幻想」の心理療法の違いが生じるのです。

認知行動療法は、セルフでできる心理療法だといわれますが、それは〝折り合うべき対象〟が、自分の中にある信念体系や思考だからです。原理的に他者を介在させる必要がないのです。

B型のまとめとして最後に述べておきたいことは、このタイプの中には精神分析と認知行動療法という2つの〝対極的な〟心理療法が存在するということです。

ここでいう〝対極的〟とは何でしょうか。

臨床心理学において〝対極的〟とは、精神分析が〝無意識〟、認知行動療法が〝行動〟〝意識（認知）〟という相容れない理論に基づいていることを意味します。そういう意味でいえば、臨床心理学における〝対極的〟とは〝対立的〟という言葉に置き換えることができます。これに対して『心的現象論』において〝対極的〟とは、精神分析が「対幻想」、認知行動療法が「個人幻想」という同一理論上の異なる基層にあることを意味します。ここでは〝対極的〟とは〝基層の異なる〟という言葉に置き換えることができます。〝基層が異なる〟ことは決して対立的な関係を意味しません。

わかりやすくいえば、『心的現象論』においては、精神分析と認知行動療法はどちらが正しいのか、という問題にはならないのです。精神分析と認知行動療法は、どの基層（対人関係）で有効なのかという問題になるのです。このことは、のちに心理療法の〝統合〟という問題を考えるうえで重大なヒントを与えてくれるはずです。

もうひとつ、精神分析と認知行動療法について述べておきたいことがあります。それは、なぜ、第二次大戦後には精神分析がもてはやされ、現代においては認知行動療法がもてはやされるのか、ということについてです。

それは、おそらく科学の進展によって、一方が一方を淘汰したということではありません。〝時代の切実な課題が何か〟という問題だと考えられるのです。精神分析がかつてもてはやされた時代には「性の問題」に時代的な切実さがあり、認知行動療法がもてはやされる現代では「個の問題」に時代的な切実さがあるのです。現代の「個の問題」の〝きつさ〟や〝歪み〟については、あらためて第4章で取りあげることにします。

以上で、B型の心理療法についての説明を終えます。

最後にC型の特徴について述べたいと思います。この心理療法タイプには、イメージ療法、催眠療法、遊戯療法、芸術療法、箱庭療法、実存主義的心理療法、ゲシュタルト療法、森田療法など数多くの心理療法をあげることができます。

C型はA型のところで述べたとおり、セラピストとクライエントの関係（「対幻想」）を重視することでは、A型とまったく同じタイプの心理療法です。〝対人関係〟という観点からいえば、C型を独立のタイプとせず、A型にすべて組み込めばよいのです。しかし、心理療法の個別性（固有性）をとらえようとすれば、「内臓系」「体壁系」という〝身体性〟の視点が必要となってきます。私たちは、心理療法の分類においても、図３と図７の問題（Ｐ31、Ｐ49）に突きあたっているということができます。

では、Ｃ型の心理療法は、〝身体性〟の視点からいえば、どのような個別性（固有性）を持っているのでしょうか。３つのグループに分けることができます。

ひとつは徹底的に「内臓系」に焦点をあてるグループで、イメージ療法、催眠療法、フォーカシング、自律訓練法などをあげることができます（**表８のＣ―１型**）。このグループは、感覚器官の機能を遮断すること、つまり「体壁系」が機能することを極力単純化したり、排除・抑制することに際立った特徴を持つ心理療法群です。たとえば、イメージ療法は、心像（イメージ）という「内臓系」、つまり〝心の眼〟に焦点をあてる心理療法だということができます。

もうひとつは「内臓系」に焦点をあてつつも、それを「体壁系」によって表現するグループで、遊戯療法、芸術療法、箱庭療法、実存主義的心理療法、ゲシュタルト療法などをあげることができます（**表８のＣ―２型**）。このグループは、「内臓系」を「体壁系」に連動させることに際立った特徴を持つ心理療法群です。たとえば、芸術療法は、「内臓系」の内部知覚（内なる視覚・聴覚・触覚・味覚・嗅覚）から生み出されたものを「体壁系」の感覚器官を通じて絵画や音楽というかたちで外界に表出する心理療法だということができます。

さらにもうひとつは、「内臓系」にまったく焦点をあてないグループになります。いいかえれば、「体壁系」だけに焦点をあてるグループです。代表的な心理療法としては、森田療法をあげることができます（表8のC―3型）。

森田療法は、日本で生まれた特異な心理療法ですが、その特異さはクライエントが自分自身の〝心の不調〟をあるがままに受け入れることを目指すところにあります。クライエントが自分自身の〝心の不調〟に弱りながらも、あるいは不快感を感じながらも〝やるべきことをやる〟ということに力点を置くのです。

いいかえれば、〝心の不調〟は放置するのです。たとえば赤面恐怖症のクライエントには「日本一の赤面者たれ」と説くのです。「内臓系」「体壁系」という視点からいえば、森田療法は徹底的に「体壁系」だけに焦点をあてる心理療法だということができます。

いずれにしても、C型は「内臓系」と「体壁系」という〝身体性〟の視点からとらえることによって、初めて心理療法の個別性（固有性）にたどりつける一群だということができます。

もちろん、C型だけでなくA型とB型も、「内臓系」「体壁系」という視点から語ることができます。A型とB型はともに、主に言語を用いる心理療法群です。言語表現は吉本さんの考え方を踏まえれば、「内臓系」と「体壁系」の織物だということになります（吉本さんの著書『言語にとって美とはなにか』の主要テーマは、このことにあります）。つまり、A型とB型はともに言語を通じて「内臓系」「体壁系」の両方をやり取りする心理療法だということができるのです。

〈5〉心理療法の〝統合〟問題

これまで心理療法を〝共通性〟と〝個別性（固有性）〟という両側面からみてきました。考察のプロセスとしては、〝関係性〟という視点と〝身体性〟という視点からみてきたことになります。ここからは、現在、心理療法において最大のテーマといってよい心理療法の〝統合〟という問題を考えてみたいと思います。まず、最初に考えてみたいのは、「今、なぜ、心理療法を〝統合〟することが大きなテーマなのか」ということです。

このことは心理療法に対する社会的関心の高まりを抜きに考えることはできません。〝うつ病〟〝不登校・ひきこもり〟〝児童虐待〟〝ＤＶ〟〝自殺〟〝解離〟といった問題が山積する中で、心理療法は、こうした問題をどのような観点からとらえ、どのようなアプローチをするのか、ということが真剣に問われ始めたのです。いいかえれば、こうした問題に対して〝基本的な枠組み〟を示すことが〝社会的説明責任〟として問われ始めたのです。単に「心理療法は２００から３００ありますから、自由に選択してください」という答えでは、もはや〝社会的説明責任〟を果たしているとはいえないのです。

心理療法の〝統合〟は、具体的な方法論としていえば、主に2つのアプローチがあります。ひとつは〝理論的統合〟アプローチです。このアプローチの代表的な議論を1つだけ紹介します。それは、非常に大雑把にいえば「認知行動療法が〝行動〟と〝意識（認知）〟を統合したのだから、あとはこれに〝無意識〟と〝全体性（ゲシュタルト）〟の観点を組み込めば、心理療法の〝理論的統合〟は成就する」という議論です。もちろん、この議論には130年の論争の蓄積があり、机上で考えるほど簡単に〝理論的統合〟はできないでしょうが、〝理論的統合〟とは、このようなアプローチを意味しているのです。

もうひとつは〝技法的折衷〟アプローチです。このアプローチは端的にいえば〝理論抜き〟のアプローチです。理論ではなく、技法（実際の臨床場面で用いる具体的なスキル・ノウハウ）そのものに着目して、クライエントが直面する〝心の不調〟に最も有用と思われる技法を選択しようとする考え方です。これは現実的な対処の仕方だということができます。しかし、そもそも〝統合〟の目的は〝社会的説明責任〟を果たすことであり、〝技法的折衷〟がまったく根拠のないまま進行していくことは目的の達成にはつながりません。つまり、〝つぎはぎだらけ〟の技法活用では、〝社会的説明責任〟を果たすことはできないのです。いずれにしても、現在、このようなアプローチによって心理療法の〝統合〟が模索されているのです。

このような基本的枠組みを押さえたうえで、ここでは『心的現象論』の立場から、〝統合〟

問題を考えてみたいと思います。すでにみてきたように「心理療法がどのような〝心の不調〟に効果的か」ということは表８に整理してきました。したがって、今、仮にこの表８の整理が妥当だとすれば、この考え方を技法レベルまで拡張し、展開することが可能となります。これが**表９**になります。

表９をみると「一体、この技法って何？」という疑問を持つ方もいると思いますが、ここでは一つひとつの技法の内容には立ち入りません。というよりも、表９は表８から機械的操作として展開したものだと考えてください。ただ、概要だけを述べるとすれば、表９の上段の技法は「特定の〝対人関係〟の問題に活用できる技法群」であり、下段の技法は「すべての〝対人関係〟の問題に活用できる技法群」です。下段の技法のうち、特に〝受容・共感・自己一致〟という技法は、すでにこれまで述べてきたとおり、多くの心理療法で採用されている共通技法なのです。

表９に意味があるとすれば、さまざまな技法を各心理療法学派の理論から切り離し、〝３つの対人関係〟という〝理論的枠組み〟に再配置したことにあります。表９を活用する心理療法を仮に「心的現象論アプローチ」とよぶとすれば、「心的現象論アプローチ」は〝３つの対人関係〟（「共同幻想」「対幻想」「個人幻想」）という考え方を〝理論モデル〟とし、そこに組み込まれた技法群から、具体的な技法を選択することを〝技法的折衷モデル〟とした〝統合的〟

心理療法ということができます。

「心的現象論アプローチ」では、〝心の不調〟を〝自分自身と折り合えない〟、あるいは〝重要な他者と折り合えない〟、あるいは〝組織・集団（社会）と折り合えない〟対人関係の不調という観点からとらえますので、「個人幻想」の〝心の不調〟においては自己との〝和解〟、自己の〝受容〟が課題であり、「対幻想」の〝心の不調〟においては重要な他者と〝打ち解けること〟（あるいは〝離れること〟）が課題であり、「共同幻想」の〝心の不調〟においては集団関係において〝安心して過ごせること〟（あるいは〝離れること〟）が課題だと大枠でいうことができます。

もちろん、個別のケースについていえば、大枠を押さえればケースが解決するほど臨床は甘くはありません。一人ひとりのクライエントの固有の悩みに寄り添うことが重要です。しかしそうだとしても、クライエントの〝心の不調〟の主調音を聴き分けることは臨床現場で役立つことが多いのです。

これが「心的現象論アプローチ」の基本的な骨格ということになります。「心的現象論アプローチ」が提起していることは、何か目新しい心理療法モデルを打ち出そうとすることではありません。むしろ、心理療法各学派がこれまで培ってきた叡智を最大限効果的に活用しようとする試みにほかならないのです。

表9　心理療法の技法の分類

<table>
<tr><th></th><th>共同幻想の問題</th><th>対幻想の問題</th><th>個人幻想の問題</th></tr>
<tr><td>特定領域での技法</td><td>「集団凝集性」の活用（フリースクール、キャンプカウンセリング、ピアグループを含む）
ＳＳＴ
トークンエコノミー
心理教育（対人関係ワークを含む）
エンカウンターグループ
サイコドラマ</td><td>「転移」・「逆転移」の活用
勇気づけ
アサーショントレーニング
ぶしつけなコミュニケーション
スクイッグル法
ホットシート
ジョイニング
多方面への肩入れ
コミュニケーション分析
内観
円環的因果律
例外探し
課題の指示
逆説的指示
エナクトメント
ユーモア・ジョークの活用
パラドックス技法
円環的質問</td><td>系統的脱感作法
フラッディング
暴露反応妨害法
嫌悪療法
7つのカラム法
条件制止法
喪のワーク
信念の歪みの修正
思考修正法</td></tr>
<tr><td>汎用技法</td><td colspan="3">受容、共感、自己一致、物語、役割期待の不一致の調整、遊び、フェルトセンス、催眠暗示、自由イメージ（統合失調症患者は除外）、指定イメージ、ファンタジートリップ、夢のワーク、芸術（描画、音楽、コラージュなど）、夢分析、再決断療法、ライフスタイル分析（早期回想含む）、臥褥、あるがままの体験、リフレーミング（文脈取換）、ボディワーク</td></tr>
</table>

本章の冒頭で、私たちは心理療法とは「〝心の不調〟で悩みや不安をかかえる人（クライエント）を心理的コミュニケーションによって援助する専門家（セラピスト）の行為」と位置づけました。しかし、本章を締めくくるにあたって、私たちは心理療法を『心的現象論』の立場から、次のように位置づけることができます。

心理療法とは、「〝心の不調〟で悩みや不安をかかえる人（クライエント）の対人関係のあり方を調整する専門家（セラピスト）の行為」であると。

第４章　『心的現象論』には知恵が詰まっている

本章では、現在、私たちが抱えているいくつかの問題を『心的現象論』の立場から考えてみたいと思います。ひとつは臓器移植の問題、もう一つは育児の問題、さらにもうひとつは現代の社会の〝息苦しさ〟です。臓器移植は「内臓系」の問題として、育児は「対幻想」「共同幻想」の問題として、そして、現代社会の〝息苦しさ〟は「個人幻想」「対幻想」「共同幻想」の問題として取り上げることにしました。

〈1〉臓器移植

① 臓器移植法

１９９８年に臓器移植法が施行され、これにより移植医療が進まなかったわが国でも臓器移植が本格的に始まるものと考えられていました。特に患者団体などからは大きな期待がよせられていたのですが、25年たった現在も臓器提供・移植手術の件数は海外に比べると、多くなったとはいいがたい状況です。ただし、アンケート結果によれば「脳死を人の死として認める」という考え方は確実に浸透しつつあります。

では、「脳死を人の死として認める」という考え方が浸透してきた理由は何でしょうか。2つ考えられます。ひとつは「提供者の臓器が他者に有効に活用されること」です。もうひとつは「臓器を〝モノ〟として取り扱っても何ら問題は生じないこと」です。

ひとつめの理由は事実だといえます。では、ふたつめの理由はどうでしょうか。これがここで取り扱いたいテーマになります。

第1章では三木成夫さんの考え方を踏まえ、人間の身体は心臓を中心とした「植物の構造」と、脳を中心とした「動物の構造」の2つの構造から成り立っていると私たちは考えました（図6、P47）。そして「植物の構造」を基盤とした〝心の世界〟を「内臓系」とよび、「動物の構造」を基盤とした〝心の世界〟を「体壁系」とよぶことにしました。

脳死は、人間の身体構造の1つである「動物の構造」が基本的に停止した状態を意味します。だとすれば、「動物の構造」を基盤とした「体壁系」も停止したと考えることができます。なぜならば、「体壁系」は外界を視覚や聴覚などの感覚器官でとらえること（空間化・時間化すること）によって作動する〝心の世界〟だからです。感覚器官全体が停止すれば「体壁系」も停止すると考えられます。

では、「内臓系」はどうでしょうか。脳死状態ではありますが、心臓が動いているとすれば、人間の身体構造の1つである「植物の構造」は活動中であることを意味します。だとすれば、「植物の構造」を基盤とした「内臓系」は生きているのではないでしょうか？　なぜならば、「内臓系」は内部知覚によって作動する〝心の世界〟だからです。

脳死判定を受けた人体から麻酔をかけずに臓器を取り出そうとすると〝死んだはず〟の人体

は苦痛の表情を浮かべるといいます。このため、医師は〝死んだはず〟の人体に麻酔をかけて臓器を取り出すことになります。また、脳死した人体から胎児を無事出産したことがあるといいます。

脳神経学者のロッパーは、1984年に脳神経科学誌で〝ラザロ徴候〟を発表しています。〝ラザロ徴候〟とは、人工呼吸器を外したあとに脳死判定をされた患者が自発的に自分の手を胸の前に持ってくる動作を指しています。ロッパーは、これを「脊髄反射だ」といいながらも、一方では「人工呼吸器を外す際には、家族などの近親者には病室から退室してもらった方がいい」とコメントしています。

脳死者の「内臓系」は、本当に停止しているのでしょうか？

② 臓器移植の実例

今、ここに『記憶する心臓』（角川書店）という一冊の本があります。

著者はクレア・シルヴィアという、心肺移植手術を受けた米国の女性ダンサーです。彼女は原発性肺高血圧症という難病に冒され、1988年、48歳の時、生き延びるための唯一の方法である心肺同時移植手術に臨んだのです。手術は無事終了し、順調に回復していったのですが、リハビリに取り組もうとした時、クレア・シルヴィアは自分の心身に思いもよらぬ変化が起きていることに気づきます。

ここでは、クレア・シルヴィアの体験を丹念に追いかけてみたいと思います。彼女は手記にこう書きしるしています。

わたしは生まれてこのかた人間の心臓はたんなるポンプの役割を果たしているにすぎないと教えられ、そう信じてきた。もちろん、欠くべからざる大事なポンプではあるが、いずれにせよ単純作業を黙々とこなすただの機械にすぎない。現代の西洋医学で常識とされているこの考えに従えば、心臓は感情の宿る場所ではない。そこには知恵も知識も記憶も蓄えられていない。したがって、誰か別の人間の心臓を譲りうけたからといって、なにも変わらない。何事も起こらはないはずなのだ。

わたしも以前はそういった考え方の信奉者だったが、今は違う。おそらく心臓《ハート》とは、たんなるポンプの役割を果たす機械ではないのだ。大昔から、〝ハート〟という言葉はさまざまな比喩表現に使われてきたが、そのなかにはたんなる譬《たとえ》として片づけられないものもあるのかもしれない。

（『記憶する心臓』第１章　かくも深き吐息）

クレア・シルヴィアの手術は、地元（ニューイングランド）で初めての心肺同時移植の手術であったために、手術後３日目に彼女は地元リポーターのインタヴューを受けることになります。その時、リポーターの質問に対して思わず口にした自分の言葉に彼女自身が驚くことになるのです。

「クレア、こうしてすばらしい奇跡を体験した今、あなたが一番したいことは？」

「そうね」わたしは言った。「たった今、すごくビールが飲みたいわ」

そう言うなり、わたしは後悔した。相手は真面目に質問をしているというのに、なんと軽薄なことを口にしてしまったのだろう。わたしは思わず唇を噛んだ。だがまた同時に、自分自身驚いていた。なぜなら、わたしはビールなど好きではないからだ。好きであったためしがないと言っていいくらいだ。だが、質問されたその瞬間、強烈にビールが飲みたいと感じたのだ。まったく不可解としか言いようがないが、ビール以外のなにものもわたしの渇きを癒してはくれないと思えたのだ。

その晩、リポーターたちが帰ったあと、ふと妙な考えが頭に浮かんだ。わたしに心臓と肺を提供してくれたそのメイン州に住んでいた若者が、ビールが好きだったのかもしれないと。心臓が持ち主の嗜好をそのまま受け継いでわたしの体の中におさまったなどということがあり得るだろうか。おもしろい考えだ。わたしはしばし頭の中でその可能性を探ってみた。

だが、すぐに忘れた。手術後まだ間もないあのころは、リポーターたちの前で思わず口走った奇妙なコメントに始まり、その後も続々と現われた不可思議な現象のことを、さして深く考える余裕などなかったし、自分の好みや性格に現われた変化に、やがてわれながら首を傾げることになるなどと夢にも思っていなかった。いずれにせよ、やがてわたしは頻繁にこう自問するようになる。

こうしたい、ああしたい、あれが好き、そう思うのはわたし、それともわたしの心臓？

（『記憶する心臓』第8章　ハンプティ・ダンプティ）


クレア・シルヴィアが自分の嗜好の変化に気づいたのは、ビールだけではありませんでした。彼女は手術前までは、サラダに入っていればわきにのけるほど嫌いだったピーマンに不思議な魅力を感じるようになっていたのです。手術後、クレア・シルヴィアはありとあらゆる料理にピーマンを使うようになったと記しています。また、車を運転する許可がおりた時、気がつくと手術前には一度も行ったことのなかった〈ケンタッキー・フライドチキン〉に車を乗り入れていたのです。彼女は、やがて嗜好だけでなく、感情や性格も変化していることに気づくことになります。

新しい心臓がわたしのパーソナリティに影響を及ぼしていることは間違いなかった。まずだいいちに、ひとりきりでいるときでも、孤独感を感じることがなくなった。終日、アマーラや友人たちと離れて過ごしていても、特に淋しいとは思わなかった。ときには、自分の中にもうひとりの人間がいると感じることもあった。そのため、ふと気づくと〝わたし〟と考えるべきときに、〝わたしたち〟と考えていたりもした。自分の中のもうひとりの存在を常に意識していたわけではなかったが、ときにははっきりと別の魂がわたしの肉体を共有していると感じられることもあった。いったいこの感覚はなんだろうと、首を傾げもしたが、最初のうちはまだそう深刻にとらえてはいなかった。というよりは、どう考えても説明がつかないので無視したといったほうがいいだろう。

性格にも変化が現われた。より男性的になったのだ。以前のわたしより闘争的、独断的になり、自信がもてるようになった。女性は知らないが男性なら知っているという類いの知識を、いつの間にか身につけてもいた。自分では完全に理解できないものの、秘密の知恵を授けられたという感じだった。

歩き方まで男っぽくなった。「ママ」アマーラが言った。「その歩き方、いったいなんなの。のっし、のっし、まるでフットボールの選手みたい」言われてみれば、たしかに今が盛りの若い男性のような歩き方だった。

（『記憶する心臓』第9章　スティン・アライヴ）

このあと、クレア・シルヴィアはしばしば夢を見ます。そして、夢の中に出てくる〝ティム〟という名の若者が自分のドナー（心肺提供者）にちがいない、と確信を抱くようになるのです。

〝ティム〟の夢について彼女は次のように記しています。

夢の中の〝わたし〟は必ずしも自分ではないらしいと気づくまで、わたしはこの夢の意味がよく理解できなかった。息を吸いこむ夢とは違って、この夢はわたしではなくティムの視点に立って見ているように思えた。〝わたし〟が男でもあり女でもあるということが、これを裏づけている。記憶にあるかぎり、移植手術を受ける以前には、性別不明の自分が出てくる夢など見たことはない。わたしはいつでも女だった。

（『記憶する心臓』第10章　ロボ・クレア）

クレア・シルヴィアは、いつしか夢に出てくる〝ティム〟が、本当に自分のドナー（心肺提供者）であったかのかどうかを確かめずにはいられなくなります。しかし、ドナーの情報は守秘義務があるため、確かめることはできません。彼女がつかんでいる情報は、手術直後に看護師がふともらした「ドナーはメイン州に住んでいた18歳の少年で、バイク事故で亡くなった」という言葉だけでした。

クレア・シルヴィアは、看護師のふともらしたこの言葉をたよりに図書館でメイン州の新聞を調べはじめます。そして、手術当日にバイク事故で亡くなった18歳の青年の記事をみつけたのです。死亡記事には、５人の姉妹と２人の兄弟がいると書かれていました。その時のことを、クレア・シルヴィアは次のように述べています。

これがわたしの心臓《ハート》の家族なのだ。どうしよう、どうしたらいい？

今の今まで、移植手術が行なわれたということすら、百パーセント確信していたわけではなかった。なにもかもがあまりに現実離れした信じがたい出来事だったので、たんに奇跡が起こったのだと考えるほうが、まだしも納得がいった。ドナーの名前も住所もわからないということが、いっそう現実味を乏しくさせていた。これまでドナーに関してわかったことといえば、主としてわたしの夢やイメージから得た情報であったため、裏づけをとることもできなかった。
だが、ここにきてふいに、ドナーが現実に存在していること、そして彼には家族がいるということがわかったのだ。しかも今度は証拠がある。名前、それに住所。

（『記憶する心臓』 第13章 ミステリー・ディナー）

クレア・シルヴィアは、新聞で確認した名前が夢でみた〝ティム〟であったことに驚きます。しかし、そのあと彼女は落胆することになります。なぜなら、ドナーの18歳の若者がスピード狂でドラッグやアルコールの問題をかかえていた不良少年であることがわかったからです。クレア・シルヴィアは、ドナーである〝ティム〟について不安と恐怖を覚えることになります。しかし、それでも彼女は最終的には〝ティム〟の家族に会うことを決意し、ついに〝ティム〟の家を訪問します。〝ティム〟の家族との会話は当初ぎこちなく始まりますが、やがて〝ティム〟の話が始まり、〝ティム〟の母親が「ティムの写真を見るかどうか」を彼女に尋ねてきました。

「ティムの写真をご覧になる？」ミセス・ラサールが訊いた。初めてティムの名前を口にした。わたしにとっては感動的な一瞬だった。

「ええ」わたしは応えた。ぜひとも。

ミセス・ラサールは別の部屋から額に入った写真をもってきた。寝椅子の背に寄りかかり、わたしに見えるよう写真をこちらに向けてくれた。わたしは身を乗りだした。ティムはメガネをかけていた。夢の中ではメガネをかけたティムなど見たことがなかった。その写真のティムは十四歳くらいだろうか。正装して、神父と並んで立っている。だが、メガネをかけていても、彼の瞳の輝きが見てとれた。

ミセス・ラサールはティムのことでなにか言おうとして、喉を詰まらせた。続いて涙が頬をつたった。身を寄せて彼女を抱きしめると、わたしの腕の中のほっそりした、だが力強さを感じさせる彼女の全身から深い悲しみが伝わってきて、わたしたちは抱き合って二人して泣いた。そのときわたしは自分たちが固い絆で結ばれているのを感じた。それまで誰からも、誰にたいしても感じたことのないような絆で。

（『記憶する心臓』第14章　ファミリー・オヴ・マイ・ハート）

以上が『記憶する心臓』のあらましです。

〝こんなことが本当にありうるのだろうか〟と思われた読者の方は多いと思います。私もその一人です。

しかし、私は逆の意味でも〝こんなことが本当にありうるのだろうか〟と思ったのです。

〝逆の意味〟とは、手術後、クレア・シルヴィアに起きたことは、三木成夫さんが想定した「内臓系」のありさまとあまりにも内容が一致するからです。クレア・シルヴィアの体験記は、彼女が三木さんの考え方を知っていて、それをもとに書いた小説ではないかとさえ思えるほどです。クレア・シルヴィアに起きたことを三木さんに尋ねれば、きっと、彼はこんなふうにいうにちがいありません。

「そりゃそうよ。だって心臓には〈生命記憶〉があるんだから」と。

２０１０年７月からの臓器移植法改正により、本人（ドナー）の臓器提供の意思が不明な場合にも家族の承諾があれば臓器提供が可能となりました。また、これにより15歳未満の子どもからも脳死下での臓器提供が可能になりました。

しかし、臓器提供が〝モノの提供〟ではなく、「内臓系」の〈生命記憶〉の植え替えだとすれば、臓器移植は異なる二人の人間の「体壁系」と「内臓系」との合成、つまり、〈ふたつの異なる人格の合成〉という行為にほかならないのです。

このような行為が本人の意思に関係なく行われてよいのでしょうか。

少なくとも臓器提供を受けたレシピアント（臓器提供を受けた人）への確認をしてほしい

と思います。

「手術後、あなたの嗜好、感情、性格に変化が生じたということはありませんか」という確認を。

〈2〉育児

① 家庭における育児のあり方

乳胎児期、幼児期の子どもにとって、母親（あるいは養育者）との関係はどのような意味を持つのでしょうか？　吉本さんは次のように述べています。

母親とのこの最初の関係で母親から何らかの外傷を受けたり、欠如を負荷されたり、願望を痛切にされたりしたばあいに、無意識は起源で〈受動的な（受け身の）強度〉を受けとることになる。この〈受動的な（受け身の）強度〉はひと通りの意味でいえば両性的なもの（同性愛的なもの）の起源をなしており、女性的な要素を過剰に負荷された男性、女性的な要素を過剰に負荷された女性を生みだす根拠になっている。

この乳幼児期の〈受動的な（受け身の）強度〉は、ほんとうをいえばその時期の母親との関係の世界が、そのまま全世界面であり、それ以外の平面は存在しない、という世界の枠組の問題を提起するはずである。いわば母親との無意識の密室で形成された世界が、成長期以後の世界をただその延長面に誘導してしまう。

（『心的現象論本論』了解論　83　了解の変容（１））

無意識の病態は、両性的にあらわれる。乳胎児期には乳胎児にとって母親は能動的な性（男性）であり、それ以後の幼児にとって受動的な性（女性）であるという両価性をもっている。この両価性が両価的であるよりも、捩れあるいは撚れとして乳幼児に受容されたばあいには、無意識の病態は両性的にあらわれる。

（『心的現象論本論』了解論　83　了解の変容（１））

吉本さんがここで述べていることを理解するためには、吉本さんの〝性〟のとらえ方を理解しておく必要があります。吉本さんの〝性〟のとらえ方は極めてシンプルです。吉本さんにとって〝男性性〟とは〝能動性〟のことであり、〝女性性〟とは〝受動性〟のことになります。この２つの〝性〟の規定は、身体行為（性行為）に根ざしていて、身体基盤にそっていえば〝男性性〟とは〝抱く〟性であり、〝女性性〟とは〝抱かれる〟性ということになります。

ただ、吉本さんの〝性〟のとらえ方において重要なことは、「観念（幻想）としての〝性〟

は、身体構造としての〝性〟と必ずしも同一ではない」ということにあります。つまり、身体としての〝男性〟が観念として〝女性〟であったり、身体としての〝女性〟が観念として〝男性〟であったりする、ということです。吉本さんの〝性〟のとらえ方を踏まえれば、吉本さんが前段で述べていることは、次のようにいいかえることができます。

「乳幼児期に母親（あるいは養育者）が、たとえば、すがりつく乳児を無理矢理に乳房からもぎ離したり、何の理由もなく乳児をなぐりつけて、突き放したりするような〝男性〟であった場合、乳児の無意識は恐怖で塗りこめられて、乳児が成長し思春期をむかえた時、〝性〟的な問題を顕在化させる可能性がある」

また、後段で吉本さんが述べていることは、次のようにいいかえることができます。

「乳胎児期の子どもにとって、母親（あるいは養育者）は〝男性〟として存在する。子どもは男の子であれ、女の子であれ、〝女性〟として存在する。そして、乳児が幼児に成長した時、一転して母親は〝女性〟として存在し、子どもは〝男性〟として存在することになる。つまり、母親（あるいは養育者）の〝観念の性〟は〝男性〟から〝女性〟に変化する。この変化を、子どもがうまく（両価的に）了解できない時、子どもは長じて、〝性〟的な問題をかかえる可能性がある」

吉本さんは、乳幼児期の母親が必要以上に〝強すぎる男性〟であった場合、子どもは長じて〝性〟的な問題をかかえる可能性があり、嫉妬妄想、迫害妄想などを思春期に発症させかねない〝脆弱性〟をかかえることになる、と考えています。

しかし、育児の影響は単に〝性〟的な問題としてのみあらわれてくるのではありません。子どものパーソナリティ全体に影響を与えるのです。

このことについて、吉本さんは次のように述べています。

他者の視線の起源は乳児のときに（あるいは授乳のときに）母親から受けとった視線にあるといえよう。母親の視線が不安であったか、冷淡であったか、慈愛に充ちていたか、苛立たし気であったか、これらありうるすべての状態は、いわば共鳴し、共振する状態で、視線を視て了解することの質を決定してゆくにちがいない。その期間の母親の主情緒は他者の視線を感受する視線の主情緒を決定してゆくための、ほとんどすべてを占めているとみなされる。都合よくかんがえればこのときの母親の声の主調音もまた聴覚の認知の質を潜在的に決めてゆくかも知れない。

このばあい乳児にとって母親の視線は同時に世界視線であり、本来ならばさまざまな視線に囲まれているはずなのに、それらの視線は眼に入ってこないで、母親の視線に世界が占有されている。

もちろんこの時期は触知の起源にも当っている。母親に抱かれたり背負われたりすることで、授乳と睡眠のリズムを触知していることは、皮膚接触の無意識的な意味を形成するといえる。この乳児期の母親との皮膚接触に対置できるのは、青年期以後での性的結合における皮膚接触だけだとおもえる。乳児のとき母親の接触が嫌悪すべきものだったとすれば、青年期以後の性的な接触に障害や抵抗を与えることが手易く想像される。

（『心的現象論本論』了解論　90　了解の変容（8））


吉本さんは、乳児に注がれた母親の〝まなざし〟は、子どもが長じて他者から感じる〝まなざし〟の質を決定している、と言っています。

私たちは第3章「〈3〉心理療法の共通原理」において、〝まなざし〟を考察しました。そこでは、セラピストの温かい〝まなざし〟が、なぜ、クライエントに治療的変化をよびおこすのか、ということを考察しました。そして、治療的変化が起きるのは、かつてクライエントが乳児の時、母親の温かい〝まなざし〟によって〝心が動態化した〟ことの学習効果にちがいないと結論づけました。いいかえれば、セラピストの温かい〝まなざし〟によってクライエントに起きる治療的変化は、乳児期の母子関係の〝反復〟だと考えたのです。

しかし、現実を直視すれば、子どもの〝心を動態化させる〟のは、母親の温かい〝まなざし〟だけではありません。冷たい〝まなざし〟もまた、子どもの〝心を動態化させる〟のです。それは、どのように〝動態化させる〟のでしょうか？

セラピストの冷たい〝まなざし〟がクライエントにダメージを与えるように、母親の冷たい〝まなざし〟も子どもにダメージを与えるのです。

吉本さんは、乳児期の母子関係の千差万別のあり方の中から、３つの具体的な例を提示しています（**表10**）。表10は、乳児期の母親の育児が、思春期をむかえた子どもにどのような影響をもたらすかを対応づけたものでありますが、例①は、母親の存在が乳児にとって恐怖に満ちている場合、思春期になった時、愛憎の反復や同性愛的傾向をもつ可能性を示し、例②は、乳児が母親から二重に追いつめられた場合、作為体験や妄想知覚を引き起こす可能性を示し、例③は、乳児が母親から余裕のない育児を強いられた場合、過食や拒食症状を引き起こす可能性を示しています（なお、表10の表記は「『心的現象論本論』93　了解の変容（11）」の原文を、そのまま記載しました）。

例③	ある母親にとって授乳の時間は、余裕のある心の時間ではなく、絶えず追いたてられ、はやく立ち上がってべつのことをしなければ、日常の生活が進行しないために、叱責や苛立ちや絶望的な物思いなどが、とんでくる時間だったから、はやく授乳から逃れたいと、いつもかんがえながら乳児に乳を与えていた。だから乳児にとって母親の乳房を吸う時間は、満たされる時間ではなく、拒まれるべき時間であった。	前アドレッセンス以後にあらわれるすべての種類の拒食と過食の原型をなしているようにおもえる。授乳が快よさではなくはやく終わればいいという母親の心的な状態を転移されつづけた乳児は、栄養の摂取が満たされたおもいにつつまれることはない。願望は満たされることを空想するのに、じっさいは満たされるのは栄養の摂取だけで、心的には飢餓を植えつけられる。そしてこの飢餓の心的な刻印が嫌悪に値するものだったら、栄養の摂取そのものを拒むにちがいない。このように形成された乳児の無意識線が切断されたり、バリアーを超えられたりすれば、まず授乳時の線が切断されることで不可解な拒食あるいは過食に陥るが、母親の手が触れられる範囲の圏域線は保持されるため世界と自己との熔融状態は生起しないとかんがえるのがかんがえやすい。

（『心的現象論本論』93 了解の変容（11） より抜粋）

表10 育児状況とその影響

	育児状況 ⇒	育児の影響
例①	母親が授乳するとき、いつも乳房を乳児に与えることを嫌悪する余り、投げやりで冷たい態度で乳児を扱い、接触するのが常のことであった。乳児は乳房を吸い充分の栄養を摂取して、満たされた表情をしても、母親は嫌悪の表情と態度しか乳児にしなかった。母親は何かの理由で、その乳児が生まれなければよかったとおもい、生まれたあとはただ嫌悪しか感じなかったのだ。	乳児は長じて前アドレッセンス期に入ったとき、女性嫌悪と母性希求の二重化された性向と、もし境界線が越えられたとすればこの二重の性向が同時に出現されるような、世界と自己との熔融状態の挙動を示すことだろう。
例②	母親は授乳するとき精いっぱい乳児にたいして大切に扱い、微笑みかけ、たっぷりと乳房を与えた。だが乳児にはわからないように（と母親はかんがえて）、授乳するたびに乳児への嫌悪や冷淡を抑圧していた。乳児への微笑みかけの背後には、いたましい嫌悪や憎悪の感情が抑圧されていた。母親はそれを乳児にたいする露骨な態度にあらわすことを避けたのだ。それは母親の人格的なたしなみであるのか、理性であるのか、母親は乳児にたいしてこうあらねばならないという倫理なのかわからない。表情と心底とはまるで違っていて、ときに違っていることさえ意識されない場合もあった。	乳児の受けとる心的な層は複雑な二律背反や面従腹背や、自己束縛にじぶんを引き込んだ上での反抗といった複雑な心の振舞い方を受けとるだろう。そしてこの場面に固有な境界線が破綻をきたしたばあい、その世界と自己との熔融状態は、身体的表出の束縛と心的表出の奔騰との二重化、あるいは身体的な表出の奔騰と心的表出の凝固との二重化としてあらわれ、わたしたちが社会的な規範あるいは心的な規範とかんがえているものからは、理解を絶する極限のあらわれ方をするにちがいない。

ただ、注意してほしいことは、表10の対応づけはもちろん〝因果関係ではない〟ということです。子どもの一生が、乳児期という過去にからめとられるという決定論ではないのです。ここで想定していることは、母親（あるいは養育者）から子どもが受け取った〝心の傷〟は、思春期以降の精神的〝脆弱性〟につながる可能性があるということです。

〝児童虐待〟は、いうまでもなく乳幼児期の母親（あるいは養育者）の育児のあり方が最悪な状況に追い込まれていることを示しています。

なぜ、最悪の状態に陥ったのでしょうか。経済的な状況や夫婦関係のあり方も含めて背後にさまざまな要因があるとしても、〝児童虐待〟は直接的には、母親（あるいは養育者）自身の〝安心感・安堵感のなさ〟が引き金を引いていると考えられます。

母親（あるいは養育者）自身の〝苛立ち〟や〝余裕のなさ〟が子どもに伝染する時、子どもは泣き叫んで、まったくコントロールできない情動をあらわにします。すると、これに母親（あるいは養育者）が反応し、怒りや憎悪から、殴りつけたり、無視したりする。これがまた子どもの情動に影響を与える……こうした〝負の連鎖〟の果てに〝虐待死〟があると考えられます。この時、母親（あるいは養育者）の行動は、子どもの態度に反応しているかのようにみえますが、実はその子どもの態度は母親（あるいは養育者）の〝心〟そのものでもありうるのです。

吉本さんは育児の専門家ではありませんが、吉本さんが育児について語っていることを一言でいうならば「子どもに接するうえで大切なことは、母親（あるいは養育者）自身がどういう状態にある（＝to be）かだ」ということになります。

育児の専門家は通常、「子どもに接するうえで、母親（あるいは養育者）は何をすべき（＝to do）か」を強調しますが、吉本さんは「母親（あるいは養育者）自身がどういう状態にある（＝to be）のか」を強調するのです。

乳児期に、母親（あるいは養育者）が、喜び、憎しみ、哀しみ、焦り、怒り、不安を持って子どもに接すれば、「その感情は、そのまま子どもにコピー（転写）される」と吉本さんは考えるのです。

ただ、最後に断っておきたいことがあります。

１つは育児の責任問題です。「〝母親がどういう気持ちでいるか〟ということの責任は母親だけにあるのではない」と吉本さんは述べています。たとえば、経済的困窮で母親が将来に不安や絶望を抱いていたり、あるいは夫の浮気で怒りや失意の中にいたり、あるいは夫婦の会話がなく寂しい思いの中で過ごしている時、その母親の思いが子どもにコピー（転写）されるとしても、その責任は母親だけにあるのではない。社会や夫にも責任があるのだ、と吉本さんはいうのです。

もう1つは完全な育児なんてものは存在しない、ということです。70%うまくできれば上出来だと吉本さんは述べています。吉本さんは自分自身の育児を〝私の育児は55%だった〟と振り返っています。

② 共同体における育児のあり方

これまで育児の〝個別のケース〟に焦点をあててきましたが、ここからは〝共同体のあり方〟が〝育児のあり方〟に与える影響をみていきたいと思います。つまり、ここでは育児の問題を「対幻想」の観点からではなく、「共同幻想」の観点から考えてみたいのです。

吉本さんが提起している問題は次のとおりです。

さて、もうひとつ分娩によって環境を転換した乳児のなかに形成される心的な層の描像について、かんがえていくべきことが残されている。それは母親と乳児とのあいだの問題が、形成させる心的な層が、どんな未開または原始またはアジア型の共同体のあり方と対応づけられるかということだ。このばあいには、わたしたちがかんがえてきたところを単純に延長すれば、すぐこんなことがいえそうだ。授乳時の母親と乳児の栄養摂取は、家族様式のなかの母親と乳児のあいだの習慣的な（習俗的な）関わり方に転移され、また母親の手の届く範囲におかれて、乳児が栄養以外のことで生存を持続できる圏域は、共同体の掟、風習、慣行行事、資格審査などの枠組の問題に延長される。

（『心的現象論本論』了解論　93　了解の変容（11））

吉本さんはこのように述べたあと、文化人類学者ベイトソンのバリ島における母子関係の研究にふれ、アジア的な共同体について論及しています。しかし、ここではバリ島の話は省き、日本という国の育児に目を向けたいと思います。かつて日本という国の中で、どのような育児が行なわれていたかに焦点をあてることにします。

明治10年代に西洋人が日本国内を旅行した時、日本の子どもや親子関係についてどのように感じたかを、吉本さんはいくつかの記録から抜き出しています。

「私は日本の子どもたちがとても好きだ。私は今まで赤ん坊の泣くのを聞いたことがなく、子どもがうるさかったり、言うことをきかなかったりするのを見たことがない。日本では孝行が何ものにも優先する美徳である。何も文句を言わずに従うことが何世紀にもわたる習慣となっている。英国の母親たちが、子どもたちを脅したり、手練手管を使って騙したりして、いやいやながら服従させるような光景は、日本には見られない。私は、子どもたちが自分たちだけで面白く遊べるように、うまく仕込まれているのに感心する。家庭教育の一つは、いろいろな遊戯の規則を覚えることである。規則は絶対であり、疑問が出たときには、口論して遊戯を中止するのではなく、年長の子の命令で問題を解決する。子どもたちは自分たちだけで遊び、いつも大人の手を借りるようなことはない。私はいつも菓子を持っていて、それを子どもたちに与える。しかし彼らは、まず父か母の許しを得てからでないと、受け取るものは一人もいない。許しを得ると、彼らはにっこりして頭を深く下げ、自分で食べる前に、そこにいる他の子どもたちに菓子を手渡す。子どもたちは実におとなしい。しかし堅苦しすぎており、少しませている。」

（『心的現象論本論』了解論　94　了解の変容（12）　イザベラ・バード『日本奥地紀行』碇が関にて）

「いずれにせよ、子供たちのかわいらしい行儀作法と、子供たちの元気な遊戯が、日本人の生活の絵のような美しさを大いに増している。下層階級には変った習慣がある。下町の通りでは、子供たちは自分たちよりちょっと年下の赤ん坊の弟や妹を背におんぶしている。あたかも子供の世界は、新種のシャム双生児の一団かと思われるほどである。この風変りな習慣ほど、下町の風景に独特な味を添えているものはあるまい。」

（『心的現象論本論』了解論　94　了解の変容（12）　チェンバレン『日本事物誌』1）

これらの記録は、日本の親子関係の１５０年ほど前のありふれた情景にすぎません。かつて日本人が子育てをどれだけ大切にしていたかがよくわかります。母親（あるいは養育者）がどれほどの安心感の中で育児を行っていたかがよくわかるのです。〝対人関係〟ということでいえば、子どもたちは人と人との〝信頼〟の中で成長していくのです。もちろん、平穏な日々だけが存在したわけではありません。飢饉に襲われたこともあったでしょう。そのような経済的困窮があれば〈間引き・子殺し〉も行われていたでしょう。また、そうした時、〈間引き・子殺し〉が共同規範として成立していたにちがいありません。しかし、そうだとしても、〈子どもを大事に育てる〉共同規範が底流として、この国に存在したと考えてよいのだと思われます。吉本さんが『心的現象論』の中で、こうした外国人の旅行記を取り上げる目的は、いうまでもなく〝日本の育児や共同体のあり方がどのようなものだったのか〟という関心に基づいています。しかし、吉本さんの面白いところは、返す刀で西洋人が日本の子どもを〝温和・謙虚（縮み）・親和〟と感じるのはなぜか、と考えていることにあります。いいかえれば、日本の子どもを〝温和・謙虚（縮み）・親和〟と感じる〝西欧の育児、共同体のあり方とは一体どのようなものなのか〟を同時に考えているのです。それは、西欧を基準とするのではなく、西欧を相対化する着想だといってもよいのです。

吉本さんがみた西欧の育児とはどのようなものなのでしょうか。

吉本さんは精神分析家のライヒを引用して、次のように述べています。

わたしの知識の範囲でいえば、胎児が出産を介してその前後に受けとる心的な傷について精神分析学者が真正面から語ったただひとつのものだ。まず心的な傷を作り出すためのユダヤ―キリスト教的な方法、いちばん極端な出産時の受傷法について語られている。割礼がそれだ。ライヒはこの出産時の傷は心的な致命傷で、殺害だと呼んでいる。生体的に出産した時点(数週間のうち)で、心的に殺害すること、それが割礼だとライヒはいっていることになる。

この心的な殺害は、しりごみ、萎縮、内向性、あきらめ、苦悩など、無意欲、鈍感、無関心、ようするにユダヤ―キリスト教的な内なる世界へのひきこもりをもたらし、生涯のはじめにそれを植え込むことになる。ライヒによれば出産した乳児は言葉で「NO」というのではなく、情動構造や行動で、この否定性をあらわすことになる。これがひとりのヒトラーやその共同体、一人のスターリンやその共同体の支配に数百万、数千万、数億の人間が征服され、支配され、従属されてしまう理由だ。(中略)生誕の前後に無意識を殺害にひとしいほど傷つけられ、無気力、停滞、情動の根源的な欠乏を植えこまれた人間は、意図的に意識して、虚偽をもとにした人間関係の意識や儀礼やマナーを作りだし、ほどよい挨拶を媒介にした社会関係をつくり、また意図と目的の複合としての有用性を基にした科学技術文明をつくりだした。その意味からいえば、知識、科学技術の系列を最大の堅牢な基盤にした文明の歴史は、はじめから病像の歴史になる。問題はエディプス複合にあるのではない。生誕の前後にすでに殺害にひとしい心的な打撃を与えられて、無意識が自己抹殺、遺恨、あきらめなどの形をとった「NO」を受けとったまま、表層だけの知性、本能をこわしてできた快楽、戦争などをこしらえてしまっている。ほんとをいえば、子宮のなかで胎児が安楽に成長し、誕生のときから母親の胸からたっぷりした授乳を受けるようにならないかぎり、ほかのどんな方法も、社会的な規模で人間が不当さから離脱する方法はない。ライヒはここまで徹底的にいいつくしているともえる。

（『心的現象論本論』了解論　102　原了解以前（8））

吉本さんはライヒを引用して、西欧の育児とは、子どもが生まれた時点で子どもの〈内面的な豊かな世界〉に痛撃をくらわせることから始まる、と述べています。要するに、西欧の育児は〝赤ちゃんの心を傷つける〟ことから始めるのだというのです。いいかえれば、西欧の育児は〝人を信じる〟ようにではなく、〝唯一の神を信じる〟ように育てるのです。この洞察を拡張すれば、だから西欧の社会は〝他者との関係〟において契約社会にならざるを得ないのだ、だから西欧だけで西洋哲学のように緻密な思考方法が発展してきたのだ、だから西欧の町並みは美しいけれどもどこか冷たさを感じるのだ、だから西欧文明の歴史ははじめから病的な歴史なのだ、ということになるのです。

こうした吉本さんの考察から、もう一度、現代日本のことを考えてみましょう。現在、日本がアジア的な共同体から西欧的な共同体へと離脱する最終的な局面をむかえているとすれば、私たちの家族や社会の基底にあった〈信頼関係〉が揺らいでいると考えてよいのではないでしょうか。

今、私たちが目のあたりにしている〝児童虐待〟は、こうした局面を象徴する出来事として理解することができるのではないでしょうか。

これが〝社会の進歩〟なのでしょうか。そうではないとすれば、私たちは今、育児について何をする必要があるのでしょうか。

1つは共同体として育児をどうするのか、という問題です。

困難な課題ではありますが、〝乳胎児期の子どもを持つ母親（あるいは養育者）が穏やかで安心して過ごせる環境を整備する〟ことを社会目標とすることが大切です。吉本さんの議論を踏まえれば、受胎８ケ月～満１歳になるまでの間、母子が安心して過ごせることに焦点をあわせることが大事だということになります。この期間、母子が安心して過ごせることをこの国の〝ありたい姿〟として掲げ、具体的施策や運動を展開しなければ、もはや取り返しがつかないところにさしかかっているということができるのではないでしょうか。

もう１つは、さしせまった個別ケースとしての育児をどうするか、という問題です。もし、あなたの家族の関係者が子どもを産むのであれば、その子どもが満１歳になるまで、母親ができるだけ安心して過ごせるよう配慮・工夫をすることが望ましいのです。

また、今もし、あなたが個人的に子育てで悩んでいるとすれば、ご自身の〝安心感・安堵感を高めること〟が大切です。１つの選択肢でいえば、親子でカウンセリングを受けることをお勧めします。あなた自身の〝心の負担〟を荷降ろしすることによって、きっとお子さんとの関係も変わってくるはずです。また、お子さん自身もプレイセラピーや箱庭を作ったりすることを通じて〝安心感・安堵感を高める〟貴重な体験をすることになるでしょう。

〈3〉現代社会の〝息苦しさ〟

①ひきこもり

〝ひきこもり〟は「個人幻想」が「共同幻想」と折り合えない、という問題です。具体的には〝組織・集団（社会）と折り合えない〟という形で現象します。現在の〝ひきこもり〟は1980年代後半から顕在化してきており、内閣府の調査によれば、ひきこもりの推定人数は約115万人といわれていますが実態は定かではありません。長期化することに特徴があり、30年近く〝ひきこもり〟を続けている人もめずらしくなく、80代の親が50代の子どもの生活を支えることは「8050問題」と呼ばれています。では、なぜ現代の〝ひきこもり〟は1980年代後半から顕在化してきたのでしょうか。それは「社会が消費社会化することによって、〝飢餓〟という問題から遠のいたからだ」という議論がありますが、ここで問題にしようとしていることは、〝ひきこもり〟を可能にした条件のことではなく、なぜ〝ひきこもり〟が〝心の不調〟としてあらわれてくるのか、ということです。〝ひきこもり〟は〝パラサイトシングル〟や〝どら息子〟のように人生を楽しんでいるようにはみえません。そのことに焦点をあてたいのです。

吉本さんの著作に『ひきこもれ』（大和書房）があります。その中で吉本さんは、「やがて外に出て行くために、いったん〝ひきこもる〟ことが人間にとって、どれほど大事なことか」ということを述べています。私は、吉本さんのこの著作をひきこもる若者への応援歌として読みました。しかし、現代の〝ひきこもり〟は、やがて外に出て行くための準備をしているようには思えないのです。彼らは〝社会から必要とされていない〟〝先が見えない〟〝自分ではどうしようもない〟という思いの中であえいでいるように思えます。そして、もがき苦しんだ結果、社会との関係を断つことになります。〝対人関係の世界〟に即していえば、「共同幻想（共同規範）を忌避して、個人幻想にたてこもる」存在の仕方といえます。つまり、「共同幻想」（共同規範）に〝関わらない〟生き方です。

本人にとっては〈組織・集団（社会）と折り合いがつかない状態においこまれた〉ということができるでしょう。だから、〝社会へ出ていかない〟という行動を取るのです。そして、〝社会へ出ていかない〟という行動は、結果的に「重要な他者との関係」（「対幻想」）をも制限することになります。ひきこもることによって、「対幻想」を家族内に限定することになるのです。それは「対幻想」が〝親子関係〟に凝縮されることを意味します。そして、その「対幻想」は親和的な関係ではなく、近親憎悪の様相を呈しやすくなります。〝ひきこもり〟の子どもは〝社会から必要とされていない〟〝先が見えない〟〝自分ではどうしようもない〟という思いを〝親のせいだ〟と短絡させやすいのです。子どもから親への〝家庭内暴力〟がしばしば起こります。それは〝他責〟ともいえますし、〝壊れそうな自分を守るための最後の手段〟ともいえます。〝家庭内暴力〟は親に計り知れない衝撃を与えますが、家庭内の〝儀式・仮面・虚構〟をぶち壊す契機ともなりえます。しかし、家庭内暴力が生じる時は、親ははっきりと本人に「嫌だ」と伝え「暴力が続くなら一緒には住めない」ことを伝えた方がよいでしょう。家庭内暴力が常態化することを放置しない方がよいのです。家庭内暴力を放置しない1つの方法は、家族以外の人物に一緒に住んでもらうことです。これによって〝家庭内暴力〟は、まず間違いなく終わります。なぜならば、家庭が「対幻想」ではなく、「共同幻想」の場になるからです。もう1つの方法は、親子が離れて暮らすことです。つまり、家庭を「対幻想」から「個人幻想」の場にするのです。

もちろん、〝ひきこもり〟が必ず〝家庭内暴力〟に向かうわけではありません。「自分が何者かわからない」という〝自分探し〟に向かうことも多くあります。「自分が何者かわからない」というテーマは今も昔も若者が悩んできたテーマの1つです。第1章で取り上げたエリクソンの言葉でいえば、〝自我同一性の確立（アイデンティティの確立）〟の問題です。本書の文脈でいえば、〝自分探し〟は「個人幻想」「対幻想」「共同幻想」の固有性の確立の問題です（表3、P75）。しかし、〝ひきこもり〟の〝自分探し〟は「共同幻想」を忌避した状態の〝自分探し〟のため、残念ながら豊かな探求の時間とはならず、逆の結果に終わることになりやすいのです。なぜなら、〝自我同一性の確立（アイデンティティの確立）〟とは、「個人幻想」「対幻想」「共同幻想」という関係構造の固有性の確立であるにもかかわらず、「共同幻想」を忌避したうえで〝自我同一性の確立（アイデンティティの確立）〟を図ろうとすることは、パズルを解くための必要なピースを欠いたまま、パズルを解こうとすることと同じだからです。最初から解けるはずのないパズルに取り組むことは、ひきこもる本人に当初思ってもみなかった〝偏った貧しい思考〟をもたらします。「個人幻想」だけの世界は、一方で〝万能感〟の世界になりやすく、一方で〝孤立感と空虚さ〟の世界になりやすいのです。また、最初から解けるはずのないパズルに取り組むことは、〝ひきこもり〟の長期化という問題にもつながってきます。これが現代の〝ひきこもり〟の特徴だと思われます。

では、〝ひきこもり〟からの脱出はどういう形で訪れるのでしょうか。

それは、「共同幻想」「対幻想」「個人幻想」という〝3つの対人関係〟のいずれれを契機にするか、という問題になります。

第一の方法は「共同幻想」、つまり〝組織・集団（社会）と折り合うこと〟へのアプローチです。最も本質的なアプローチですが、この場合、就学や就職を直接の目的にしない方がよいでしょう。〝みんなと遊ぶことが楽しい〟という体験が大切です。〝集団の中で安心して過ごせる〟ことを体験し、「組織・集団（社会）と折り合いをつける」ことを学んでいくことが大事なのです。本人にとって生きやすい社会的〝場〟を提供するということでいえば、フリースクールやＮＰＯの共同生活の体験がよい結果につながっています。また、この方法には別のメリットもあります。それは集団生活の中で、〝心を開ける友人〟ができたり〝恋愛相手〟がみつかるという「対幻想」の出会いがあり得ることです。「対幻想」の世界が家族から外へ拡がるのです。

第二の方法は「対幻想」、つまり〝重要な他者と折り合うこと〟へのアプローチです。本質的な問題に対しては迂回アプローチということになります。〝ひきこもり〟の本人にとって、親との関係はたとえそれが「反発」や「依存」であったとしても、親子関係が〝切れていないこと〟は大きな財産です。本人のことをずっと思い悩み、心配し、見守り続けている親が存在することは、本人にとって大きな支えであることは間違いありません。「対幻想」を活用する方法は〝親子が心を開く〟ことを目指すことになります。この場合、大事なことは、親が本人を「自分にとって都合のよい子に育てよう」としたり、「世間体を気にして、近所の人にひきこもっている事実を隠そう」としたりしないことです。そうすることで、本人がどれだけ〝傷ついてきたか〟を理解することが大切です。〝ひきこもり〟で悩んでいる本人をそのまま受けとめることが〝心を開く〟契機であり、本人は〝心を開く〟体験によって「共同幻想」に立ち向かう力を得ることになります。ただし、家庭内暴力が起きている状況であれば、すでに述べたとおり親子関係をいったん調整したほうがよいでしょう。

第三の方法は「個人幻想」、つまり〝自分自身と折り合うこと〟へのアプローチです。これも本質的な問題に対しては迂回アプローチということになります。「個人幻想」の固有性（個人としての能力）に磨きをかけるのです。〝ひきこもり〟本人が自分自身の能力を磨き、それを伸ばすことで、生きる基盤を固めていくことになります。この場合、本人が〝単なるファンタジーを追いかける〟のではなく、具体的に〝自分自身を磨く〟ことが重要なプロセスとなります。

〝ひきこもり〟脱出の糸口は、これらのいずれか、あるいはこれら３つの方法を組み合わせて対処することになります。

② 自立という「共同幻想」

ここでは、もう一度問い直したいことがあります。なぜ、現代の〝ひきこもり〟は、１９８０年代後半から顕在化してきたのだろうかということです。

吉本さんは、社会の変化が直接私たちの〝心〟に変化をもたらすことはないといいます。社会の変化が私たちの〝心〟に変化をもたらす時は、必ず「共同幻想」（観念の共同性）が介在するのだというのです。

吉本さんは〝うつ病の増加〟という問題について次のように述べています。

> 社会は〈わたし〉の心域にたいして、物質力として直かに働きかけるのではなく、共同幻想としてのみ〈わたし〉の心域に働きかける。個体はどれも社会の共同幻想を、自己の意

識として、〈わたし〉の心域に関係づけるかぎりは、そして、この自己意識に忠実に振舞うかぎりは〈うつ〉状態のなかに投げだされる可能性の存在である。あるばあいに社会的な変動が〈うつ〉病の発現率を増加させ、病像に変化を与えたとすれば、共同幻想の構造に強さと重層性を露わにする根拠があったからである。

（『心的現象論本論』関係論　35　〈うつ〉関係の拡張（2））

吉本さんがここで述べていることは、社会で〝うつ病の増加〟が起きるとすれば、それは社会の変化それ自体によるのではなくて、個々人が自分自身の中で忠実に振る舞おうとする「共同幻想」の構造の強さと重層性によるということです。

ここでは、この議論を拡張して現代の〝ひきこもり〟が1980年代後半から顕在化してきたことを〈1〉社会の変化、〈2〉「共同幻想」の変化、〈3〉個人の〝心〟への影響、という3段階に分けて考えてみましょう。

最初に私たちの社会がどのように変化してきたのかを考え、次に「共同幻想」がどのように変化（強さ・重層性）したのかを考え、そして最後に、この「共同幻想」の変化が私たちの〝心〟にどのような影響を与えているのかを考えてみたいと思います。

まず社会の変化では、根幹をなす〝市場経済の変化〟を押さえたいと思います。吉本さんの市場経済に関する考察で知っておいてほしいことがあります。それは〝現代の資本主義社会はかつての資本主義社会とはまったく別の社会システムだ〟という考え方です。吉本さんは現代の資本主義社会を「消費資本主義社会」あるいは「超資本主義社会」とよび、これまでの資本主義社会とは別物だととらえています。ここでは、かつての資本主義社会を便宜上、「生産資本主義社会」とよび、新しい資本主義社会を「消費資本主義社会」とよぶことにします。この言葉を使って、吉本さんの市場経済に関する見解を述べるとすれば、『『生産資本主義社会』から『消費資本主義社会』への移行は１９７０年代におきた」ということになります。吉本さんはこの変化の原動力は第３次産業（流通・サービス業）にあるといいます。１９８０年代には第３次産業の労働人口が50％を超えることによって、日本の社会は「第２の産業革命」をむかえたといいます。「第１の産業革命」が第１次産業（農業・漁業・林業）から第２次産業（製造業）への産業構造の転換であったように、「第２の産業革命」は、第２次産業から第３次産業への産業構造の転換であったというのです。

「生産資本主義社会」とは何でしょうか。それは〈生産〉が主導する経済社会のことです。製造業中心の産業構造の社会のことです。簡単にいえば〝モノ不足〟の経済社会のことだということができます。「消費資本主義社会」とは何でしょうか。それは〈消費〉が主導する経済社会のことです。流通・サービス業中心の産業構造の社会のことです。簡単にいえば〝モノあまり〟の経済社会のことだということができます。1980年代に社会が〝モノ不足〟から〝モノあまり〟に転じることによって、経済の主導権が〈生産〉から〈消費〉に移ったのです。企業においては〈生産〉から〈販売〉に力点が移行し、〝お客様本位〟が声高に叫ばれることになりました。〈消費〉を争奪するために、「いかに売るか」という〈企業〉間の競争が激化することになったのです。これに加えて、1989年に東西冷戦が終わり、市場経済はよりグローバル化しました。企業間競争は国際的規模で激化の一途をたどることになります。グローバルな競争は企業の競争を企業間の競争から、さらに一歩進んだ企業内での競争、つまり従業員一人ひとりの競争へと突き動かすことになりました。勤労者一人ひとりが徹底的に〝個〟の成果を問われる時代になったのです。これが〝新自由主義〟の始まりです。このことによって、瞬《また》く間に〝成果主義〟の考え方が浸透していくことになったのです。第2次産業〈製造業〉では、〝成果〟は労働時間の長短にほぼ比例しました。したがって勤労者の労働時間が同一であれば、〝成果〟の差はある幅の中におさまっていました。だからこそ、労働組合という共同体が成立しえたのです。しかし、第3次産業〈流通・サービス業〉では、〝成果〟と労働時間の関係があいまいになりました。製造業ほど明確ではなくなったのです。一定の労働時間が一定の成果を生む、といいにくい状況が生じたのです。これにより、勤労者は市場原理に直接さらされることになりました。今や、勤労者は経営者であれ、従業員であれ、誰もが「あなたの仕事の処理スピードをもっとあげなさい、あなたの仕事の品質をさらに磨きなさい、あなたはもっとたくさんの仕事をしなさい」という市場の要求から逃れることができなくなったのです。これが現在の勤労者の〝きつさ〟にほかなりません。どこまでいってもキリのない要求を突きつけられるのです。〈人は生涯、競争して自分だけはなんとか生き延びろ〉という生活を強いられることになったのです。社会の枠組みがそれを要求するのです。そして、もはや誰もそれを止めることができないのです。

では、１９８０年代からのこのような市場経済の変化に伴って「共同幻想」はどのように変化してきたのでしょうか。

ここでは、〝時代精神〟という「共同幻想」に焦点をあてたいと思います。

戦前の〝時代精神〟とは何であったのでしょうか。それは「お国のために」という言葉に象徴させることができます。当時、吉本さんもそうであったように「お国のために」という〝時代精神〟の規範力が、個人においては「共同幻想」の強さ・重層性として「個人幻想」や「対幻想」に重くのしかかっていたと考えることができます。

では、敗戦後の〝時代精神〟とは何であったのでしょうか。それは「人様に迷惑をかけるな」という言葉に象徴させることができます。敗戦によって「お国のために」という〝時代精神〟は崩壊しましたが、地域社会においては「人様に迷惑をかけるな」という〝時代精神〟

は、まだしっかりと根づいていたのです。この〝時代精神〟の規範力が、個人においては「共同幻想」の強さ・重層性として「個人幻想」や「対幻想」に重くのしかかっていたと考えることができます。

では、現代の〝時代精神〟とは何でしょうか。それは「自立」という言葉に象徴させることができます。「自立」とは「自分自身のために頑張りなさい」「自分の夢を追いかけなさい」「自分自身のために競争しなさい」というメッセージです。「自立」という〝時代精神〟は「消費資本主義社会」に最もフィットした「共同幻想」でした。「自分自身のために」というメッセージと〈人は生涯、競争して自分だけはなんとか生き延びろ〉という社会からの暗黙の要求。両者はともに徹底的に〝個〟を重視することに共通点があったのです。

では、「自立」という「共同幻想（時代精神）」は、私たちの〝心〟にどのような影響をもたらしたのでしょうか。ここでは「自立」という「共同幻想」が私たち一人ひとりにもたらした〝光と影〟を探ってみたいと思います。

〝光〟とは何でしょうか。

それは私たちを古い〝しがらみ〟から解き放ったことにあります。〝人間関係から切り離された一個人〟は、わずらわしい儀礼や虚礼から解放されることになったのです。また、一人ひとりの人間に〝他者や組織・集団（社会）に依存しない強さ〟をもたらしたともいえます。

人種差別や性差別などの問題は、課題解決に向けて大きな前進を遂げることになりました。「徹底的に〝個〟を重視すること」は、個人に貼りつけられていた〝人種〟〝性〟〝老若〟〝家系〟などのレッテルを削ぎ落とす原動力となったのです。〝自由な個人〟が１つのかたちとしてあらわれてきたのだといえます。また、そのことは精神病の軽症化にもつながりました。精神科医の笠原嘉さんは統合失調症の軽症化について次のように述べています。

伝統的な価値の体系から逸脱する行動や思考を青年たちがそれほど抵抗感なくやれるようになった現代では、現実を脱し現実をこえる世界をもつことを特徴とするこの精神病に独特の心理も、平均人の心理との間に昔ほど大きなギャップをもたなくなりつつある。だから、発病しても周囲をおどろかせるような激烈なかたちをとらなくなっている。

（『精神病』Ⅷ章　分裂病の原因について）

では、「自立」という「共同幻想（時代精神）」がもたらした〝影〟とは何でしょうか。

それは〝しがらみ〟だけでなく〝つながり〟をも破壊したことにあります。〈人は生涯、競争して自分だけはなんとか生き延びろ〉というメッセージが社会全体を覆ったのです。「私はデキル人間だ」「私はプラス思考だ」「私はポジティブだ」と〈強迫的に〝個〟を強調すること〉が生きるうえで大切な心得となりました。かつてこれほどまで多くの人が自分を〝賢そうにみせたがる〟時代はなかったのではないでしょうか。現代はまさに〝自己愛の時代〟といってよいでしょう。大人だけではありません。子どもたちも〈人は生涯、競争して自分だけはなんとか生き延びろ〉というメッセージの中へ投げ出されたのです。〝特別の付加価値を持つ〟ことを強いられた子どもたちは、〝普通の子ども〟ではいられなくなったのです。そして、親の思いどおりにならない子どもは〝不出来な子ども〟となったのです。

集団生活の中で〝ふがいない自分〟や〝みっともない自分〟に直面した時、子どもたちは、それを認めるわけにはいきません。なぜなら、それを認めることは自分に〝付加価値がない〟ことを認めることであり、それは彼らにとっては〝生きていけない〟ことを意味するのです。「ふがいなくても、みっともなくても生きてりゃいいんだ」という当たり前のことが、もはや通用しなくなったのです。子どもたちは、なにげなく普通に生活することが許されなくなったのです。少し誇張していえば、誰もが〝自分の夢〟を語らなければ生きることを許されなくなったのです。〝自分の夢〟を語れない若者は〝ひきこもる〟しかありませんでした。「自立」という「共同幻想」を忌避することによってしか自分を守る術《すべ》がなかったのです。しかし、哀しいことに「共同幻想」を忌避する行為は、「共同幻想」をひきずって生きている証《あかし》でもあったのです。彼らは、たえず「自立」という「共同幻想」に脅かされながら生きてきたのです。

それが彼らの〝悩みの種〟でした。

私たちはこういうふうにいうことができます。

「自立」という「共同幻想」に忠実に振る舞い続けようとすれば〝うつ病〟の可能性の中に投げ出され、忌避しようとすれば〝ひきこもり〟の可能性の中に投げ出されるのだと。

③孤立という「共同幻想」

〈人は生涯、競争して自分だけはなんとか生き延びろ〉という「共同幻想」は、個人にとっては〈「個人幻想」をむき出しにして生きなさい〉というメッセージにほかなりません。本来、「共同幻想」（共同規範）とは、「自分のためでなく、共同体のために貢献することが大事」という本質をもっているのですが、ここでは「共同幻想」（共同規範）が何とも不思議なあらわれ方をすることになりました。「共同幻想」が〝共同規範〟機能を放棄することによって成立する、というあらわれ方になったのです。「自分のためでなく、共同体のために貢献することが大事」という「共同幻想」（共同規範）の本質が、個人にとって消え去ったかのような時代をむかえたのです。「共同幻想」の質が様変わりしたのです。最近のはやり言葉でいえば、〝大きな物語の喪失〟であり、〝小さな物語（オタク文化）の群生〟です。

しかし、「共同幻想」だけではありません。「関係から切り離された自由な一個人」は、「対幻想」の土台をも揺るがせていました。〝自由な一個人〟にとって、男女差は鬱陶《うっとう》しいものになりました。〝男性〟性と〝女性〟性とが、あたかも等質であるかのような時代がやってきたのです。流行語大賞でいえば、1989年の「オバタリアン」、1990年の「オヤジギャル」、そして2009年の「草食男子」、2010年の「イクメン」「女子会」、2014年の「カープ女子」、2018年の「おっさんずラブ」、2021年の「ジェンダー平等」の入賞が、この変遷を象徴しています。「ユニセックス」の時代が到来したのです。余談ですが、最近の漫才界では、優秀なツッコミの人材が激増し、優秀なボケの人材が激減している、という笑えぬ話があるそうです。ここでも、〝個〟の強さを競いあい、〝ペア〟としての人間関係が成り立ちにくくなっているのです。

「共同幻想」の喪失と希薄な「対幻想」。そして肥大化する「個人幻想」。この存在様式は、要するに〝他者〟との関係の希薄さを意味します。亡くなったユング心理学の第一人者の河合隼雄さんは、〝若者がキレル〟ことについて、「〝若者がキレル〟という場合の〝キレル〟は、〝人間関係が切れる〟の〝切れる〟につながっている」と指摘しています。私たちは、現代社会の異常犯罪〈無差別殺人、バラバラ殺人〉を〈「共同幻想」「対幻想」の対象喪失と「個人幻想」の肥大化〉という存在様式の問題としてとらえられるかもしれません。

1990年代後半、「自立」という「共同幻想」は明らかに色あせていました。〝影〟だけが色濃くたちこめてきたのです。「自立」というコインの裏側には、「孤立」という文字が刻まれていたのです。

1998年から日本の自殺者数は一挙に3万人を突破（1998年以前の水準の約3割増）し、2003年に3万4千人というピークを打ったあと、ゆるやかに逓減し、現在は2万人程度で推移しています。しかし、「孤立死」「無縁死」は増え続けています。そして、それは現時点の問題だけでなく、今後も増加は止まらないだろうと考えられています。「孤立死」は「自宅で誰に見取られることもなく亡くなったあと、死後2日以上経過した者」という基準で定義されつつありますが、「無縁死」は、「孤立死であると同時に、誰も引き取り手がいない人の死」ということで定義されます。

流行語大賞でいえば、〝孤立〟に関係する流行語は、2004年〝自己責任〟〝負け犬〟、2005年〝おひとりさま〟、2007年〝ネットカフェ難民〟、2010年〝無縁社会〟、2012年〝終活〟、2021年〝うっせぇわ〟〝親ガチャ〟をあげることができます。こうした言葉が「孤立」の時代の変遷を象徴しているといえるでしょう。

〝ひとりぼっち〟が増え続けているのです。今後、この傾向はさらに加速するでしょう。2030年には、日本の生涯未婚率は女性が4分の1、男性が3分の1になると予測されています。婚姻関係を結ぶかどうかはストレートに〝ひとりぼっち〟を意味しませんが、ひとつの指標とはいえるでしょう。まさに「孤立」の時代が到来したのです。社会的なつながりも、家族的なつながりも壊れ始めたということができます。私たちはとうとう「自立」ではなく、「孤立」の時代をむかえることになったのです。

これが私たちが目指した自由な社会の姿なのでしょうか。〝人間関係から切り離された一個人〟は、私たちに確かな自由と幸せをもたらしてくれるはずだったのに、思いもかけず私たちは苛立つことになったのです。〝競争することが進歩だ〟としても、〝誰のための進歩なのか〟〝進歩は誰の幸せを約束するのか〟という問いがやってきたのです。

④ 心の居場所

吉本さんはかつて、数多くの論争を行ってきました。特に吉本さんが徹底的に、そして容赦なく批判してきたのは、〈「共同幻想」こそが価値の源泉である〉という立場の人々でした。吉本さんは、それを「出鱈目《でたらめ》だ」と言い続けてきました。そして、それがなぜ出鱈目なのかを示すために、吉本さんは〈大衆の原像〉という概念を提出したのです。〈大衆の原像〉とは、〈「共同幻想」とは折り合いながらも、実は、日々の生活では「対幻想」「個人幻想」を何よりも大切にしている〉人たちのことです。吉本さんは、その存在様式を価値の源泉としました。それは、かつて〈〝お国のために〟という「共同幻想」がまずあって、その「共同幻想」に

「対幻想」「個人幻想」をからめとられた〉自分自身へのアンチテーゼでもあったのです。

しかし、「孤立」の時代が生み出したのは、〈「共同幻想」とは折り合いながらも、実は、日々の生活では「対幻想」「個人幻想」を何よりも大切にしている〉という存在様式ではありませんでした。私たちが手に入れたのは〈「共同幻想」を喪失し、希薄な「対幻想」の中で「個人幻想」を肥大化させる〉存在様式でした。これが「自立」という「共同幻想」の行きついた先だったのです。

今、私たちは〈人間関係から切り離された一個人こそが〝理想の姿〟〉というパラダイムを見直す時を迎えています。このパラダイムに基づいた社会をグローバル社会と呼ぶとすれば、グローバル社会はいずれ乗り越えられるべき社会でしかありません。しかし、私たちは、はたして「自立」の〝光〟を享受しながら、「孤立」という〝影〟を消去させることができるのでしょうか。残念ながら、私たちは現在、明確なビジョンを持っているとはいえません。いまだに萌芽的な議論がなされているにすぎないのです。新しい次の時代の姿がみえてくるには、まだ相当の時間が必要なのです。

だとすれば、私たちは当分の間、現在の〝きつさ〟に耐えて生きていくしかありません。せめて、この〝きつい〟時代を生きていくうえでの、さしあたっての道しるべはないのでしょうか。

最近、吉本さんは娘ばななさんと対談していますが、その対談の最後に、ふたりはこんなやり取りをしています。

吉本　平凡でも、とにかく夫婦仲はいいし、まだ小さいけど、いい息子がいて、今が幸せでしょうがないんだという家庭だったら、もうそれでずっと通しちゃえって。

ばなな　それは私に望むことですか？（笑）

吉本　僕だったら、そう考えると思うな。傍から見ても、そばへ寄って話を聞いても、「このうちは本当にいいな。いい夫婦だな。子どももいいな」という家庭を目的として、それで一生終わりにできたら、それはもう立派なことであって、文句なしですよ。もし、あなたがそうだったら、「それ悪くないからいいですよ」って、僕なら言いますね。

それ以上のことはないんです。どんなに人が褒めようが貶そうが、そんなことはどうでもいいことだとも言えるわけで。漱石・鷗外は、確かに人並み以上に偉い人です。でも、それが唯一の基準かといったら、全然そうじゃなくて、俺のうちのことなんか、近所の人や肉親以外は何にも言ってくれないけど、でも、俺のうちは一番いいんだよ、自慢はしないけど自慢しろって言えばいつでもできるんだよ、って言えるような家庭を持っていたら、それはもう天下一品なんですよ。「うちは夫も子供も申し分なく、並びなきいい家庭をつくりました。近くにお越しの際は、いつでも立ち寄ってくださいよ」と言えるような人生にできたら、もう他には何も要らないというくらい、立派なことなんです。

それがいかに大切で、素晴らしいことかというのは、僕ぐらい歳をとれば、わかりますよ。生きるって、僕はまだわかんないけど、一生を生きるというのは、結局、そういうこと以外に何もないんだと思います。それだけは間違いないことだから。


（「書くことと生きることは同じじゃないか」『新潮』２０１０年10月号）


85歳の父、吉本隆明が45歳の娘ばななに贈る最後の言葉。

〈大作家なんかにならなくていい。楽しいわが家を築くことができたら、それでいいんじゃないか〉と。

〈「個人幻想」にがんじがらめになるな。何よりも「対幻想」を大事にしたら〉と。

これは、私たちにとっても、ひとつの道しるべかもしれません。

補章　〝思想の言葉〟と〝生活の言葉〟とが出会う場所「就労支援」

本章のタイトル「〝思想の言葉〟と〝生活の言葉〟とが出会う場所　就労支援」については、誤解があるといけませんので最初にお伝えしたいことがあります。それは「就労支援という仕事」が〝思想の言葉〟と〝生活の言葉〟の出会う場所だという意味ではありません。今、わたしが「就労支援」の活動をやっていて、そこで感じたり考えたりした〝生活の言葉〟が吉本さんの〝思想の言葉〟と出会った、という意味です。ですから、ここでの「就労支援」は、皆さんが携わる事柄によってさまざまに変化するはずです。たまたま、わたしの場合、それが「就労支援」であったということです。ただ、そうだとしてもその偶然の出会いは、わたしにとってはとても大事なことだったのです。そのことをこれから述べさせていただきます。

吉本さんの思想を語るうえで大切なことは、語り手が自分の生活の場で使っている言葉（生活の言葉）を吉本さんの〝思想の言葉〟と交差させることではないか、とわたしは思っています。それはずっと前からそう思っていました。そのことができれば、吉本さんの思想の際立った特徴をはっきり示すことができるはずだと思っていたのです。違ういい方をすれば、吉本さんの〝思想の言葉〟を縦糸にして、語り手の〝生活の言葉〟を横糸にして、これを交差させることができれば、吉本さんの思想のすごさが鮮やかに浮かび上がるだろう、と思っていたのです。

しかし、これまでわたしにはそのことができませんでした。２０１１年に『吉本隆明『心的現象論』の読み方』、2013年に『吉本隆明『共同幻想論』の読み方』、2014年に『吉本隆明〝心〟から読み解く思想』、2017年に『吉本隆明『言語にとって美とはなにか』の読み方』、2020年に『吉本隆明『マス・イメージ論』を読む』、2022年に新装版『吉本隆明『共同幻想論』の読み方』を出版しましたが、これらの書物の中でわたしは、吉本さんの考え方（思想の言葉）を自分の外において語っていたのです。つまりこれまで、わたしは自著の中で、わたしの〝生活の言葉〟をずっと捨象し続けていたということです。もちろん隠すつもりはなかったのですが、交差させるきっかけをうまく見つけることができなかったのです。

わたしは2012年から精神・発達障害者の就労支援の活動にかかわっていたのですが、この活動の〝生活の言葉〟を〝思想の言葉〟と交差させる場所をこれまでみつけることができなかったのです。アカデミックな学問であれば、自分の〝生活の言葉〟をその学問の中に組み込む必要はありませんから、「そんなことはどうでもいいことじゃないか」と思われるかもしれません。しかし、吉本さんの思想の特徴をしっかりつかもうとすれば、それができるかどうかはやはりとても大きなことだと思うのです。

〝思想の言葉〟と〝生活の言葉〟を交差させることについて、吉本さんはいろんないい方をしていますが、「〈知〉は〈非知〉と行き来することなくして、ほんとうの〈知〉にならない」というのが吉本さんの基本的な考え方だと思います。〈知〉とは〈頭脳—科学—文明〉の源であり、〈非知〉とは、〈生命―芸術―文化〉の源だといえば、言い過ぎかもしれませんが、いずれにしても、世界中、どこを探しても吉本さんほど〝知〞と〝非知〞について徹底的に考え抜いた人は見当たらないのではないでしょうか。吉本思想とは、いわば「〈知〉と〈非知〉との運動体の思想」なのです。

そして今回、わたしは初めて、〝運動体の思想〞を自分の体験に基づいて具体化してみようと思ったのです。本章は、吉本さんの〝思想の言葉〞である〈知〉とわたしの〝生活の言葉〞である〈非知〉とを交差させようとする試みの論考です。「唐突な話」になるかもしれませんが、お読みいただけたら幸いです。

では、まず最初に吉本さんの〝思想の言葉〞を語り、次にこれに交差させるわたしの〝生活の言葉〞を語ってみたいと思います。

〈1〉〝思想の言葉〞

わたしは自著『吉本隆明『共同幻想論』の読み方』の最終章（第四章）で「〝近未来〞は〝前古代〞とつながっている」ということを述べました。そのことを、ここでは〝思想の言葉〞として取り上げたいと思います。

わたしは次のようなことを述べました。

①〝近未来〟は〝前古代〟とつながっている

産業構造において就労者の大多数がさらに生産活動から離れると〝国家〟という共同幻想は、その歴史的な役割を終えるのではないか、これが吉本さんが描いた〝未来予想図〟です。かつて縄文人にとって国家が不要であったように、現代社会が消費資本主義社会を通過することによって、いずれ国家は不要になるだろうと考えていくわけです。

ここで重要なことは、吉本さんが「人間社会は、いずれ、国家の次の共同幻想をもつだろう」という問題を理念の問題（こうあるべき）として語っているのではないということです。また、主義・主張の問題（こうありたい）として語ろうとしているのでもないということです。産業構成比を読み取っていくと、まるで自然科学の問題であるかのように共同幻想の〝未来〟がみえてくるということなのです。誰もが認めざるを得ない数字の移り変わりに基づいて、未来を予想しようとしているのです。これが「人間社会において、国家が最終の共同幻想ではない」「人間社会は、いずれ国家の次の共同幻想をもつだろう」という考え方が行き着いた場所なのです。

そして、このことが〝アフリカ的段階〟という吉本さんの次のテーマとつながってくるのです。現在の消費資本主義社会と自然界が生きる糧のほとんどを育み（生産し）人間に〝贈与〟

してくれた前古代社会（6千〜3千年前）とが、産業構造の存在様式として同じような様相を呈してきた、ということが次のテーマになるのですが、吉本さんはその前古代社会を原始未開社会（10万〜6千年前）と合わせて〝アフリカ的段階〟と名づけたのです。こうした着想は世界に類をみない吉本さんの独創的な着想ということができます。現代社会の最先端で、共時的に前古代が立ちあらわれるという着想なのです。吉本さんはこれを「史観の拡張」とよんでいますが、『ハイ・イメージ論』では次のように述べています。

> 「現在」から「現在」を超えた未知へゆくことと、「現在」から「段階」を導入し、それを経なければ到達できない過去の源初時代へゆくこととは、まったく同義であるというのが、さしあたってここでわたしのとった方法だった。
>
> （『ハイ・イメージ論』あとがき）

誤解はないと思いますが、吉本さんの考えていることは〝古き良き時代にもどろう〟ということではありません。〝消費資本主義社会を通過することによって前古代が見えてくる〟という読み解き方なのです。『ハイ・イメージ論』が『共同幻想論』の現代版だといわれる所以はここにあります。『共同幻想論』が〈国家生成〉に関する論考だとすれば、『ハイ・イメージ論』は〈国家解体〉に関する論考だということができます。

（『吉本隆明『共同幻想論』の読み方』第4章）

２０１３年にわたしは吉本さんの〝思想の言葉〟をこのようにとらえたのですが、それから10年が過ぎた現在も、この文面に手を入れる必要はないと思っています。ただ10年前、「〝近未来〟は〝前古代〟とつながっている」と書いた時、そうした事態が具体的にどんな形でわたしたちの前にあらわれてくるのか……ということについてはひとかけらも想像することができなかったのです。この時、わたしが書いたことは、あくまで「吉本さんの考え方（思想の言葉）は、たぶん、こういうことですよ」というレベルの話にすぎなかったのです。

本章では、この〝思想の言葉〟を〝生活の言葉〟と交差させたいのですが、そのまえにもう一つ、〝生活の言葉〟と交差させたい〝思想の言葉〟がありますので、そのことを取り上げます。それは原生的疎外と純粋疎外に関することです。このふたつの〝思想の言葉〟を、あとでわたしの〝生活の言葉〟にリンクさせたいと思います。

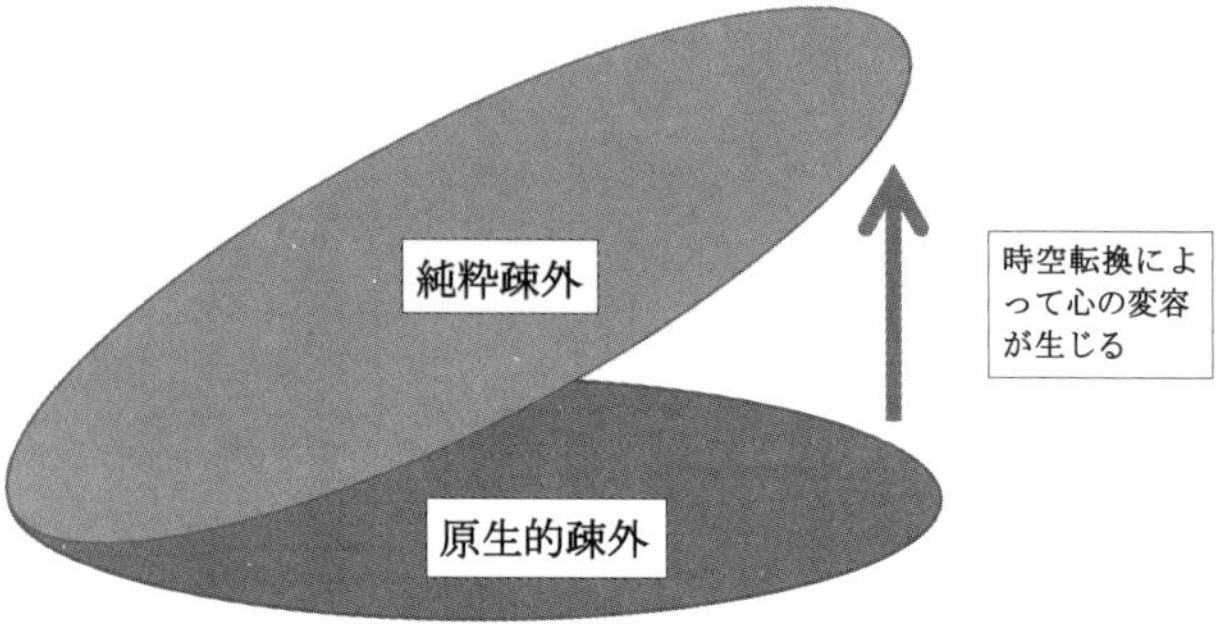

図８①　【心的疎外】「原生的疎外」と「純粋疎外」

②原生的疎外と純粋疎外（自体識知と対象化識知）

原生的疎外と純粋疎外については第1章ですでに説明しましたが、これを一言でいえば、原生的疎外とは「あらゆる生命体の心的領域」のことであり、純粋疎外とは「人間だけの心的領域」のことでした。

これを図示すると**図8**①のとおりです。この図は吉本さんが『心的現象論序説』の中で図示したものを少しデフォルメしていますが、吉本さん自身が原生的疎外と純粋疎外の関係について、「閉じていた貝が開いていくように純粋疎外は原生的疎外から離れていく」と述べていたことを踏まえて図示したものです。この図を用いると、アフリカ的段階、アジア的段階……西欧（近代）的段階を一覧で表現できるので、ここでは図8①を採用しています。ちなみに、アフリカ的段階は原生的疎外と純粋疎外の乖離

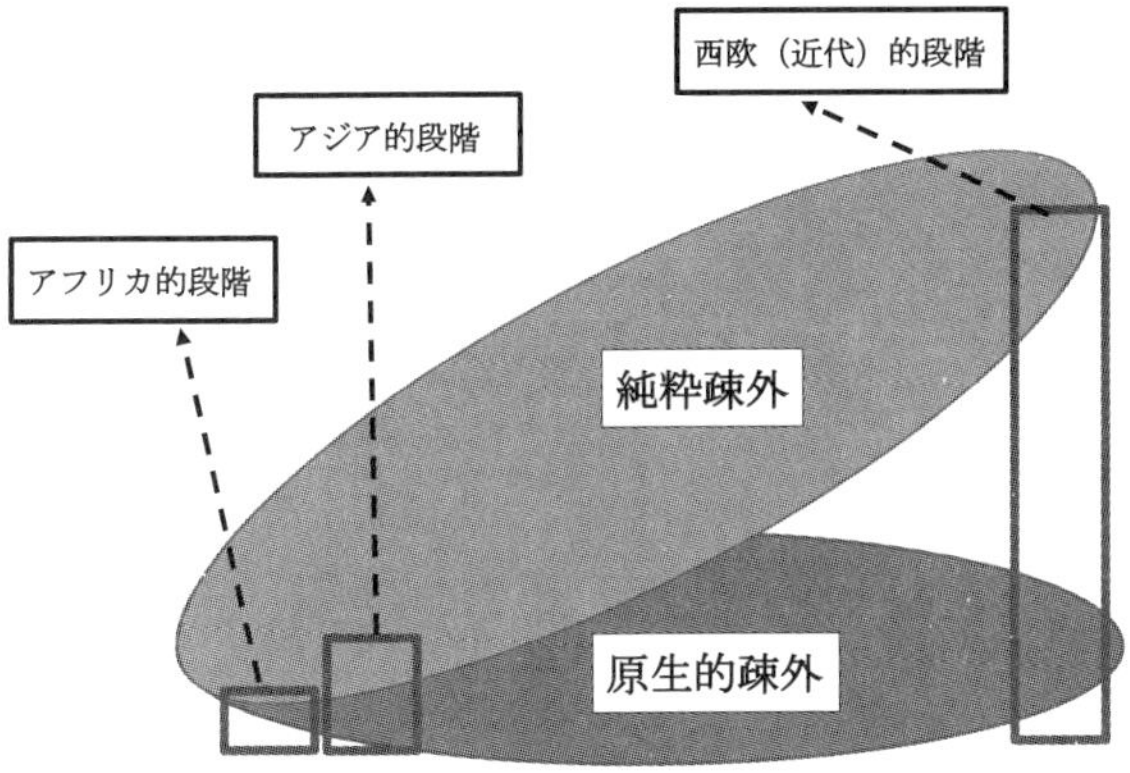

図８②　【段階】（原生的疎外と純粋疎外の乖離）

がもっとも小さい段階の心的状態のことであり、アジア的段階はそこから少し乖離が広がり、西欧（近代）的段階では、乖離が最大化することになります（**図８②**）。

ただし19世紀の西欧史観では、原生的疎外の存在自体（**図８③**の直線B）を純粋疎外（**図８③**の直線A）の中に溶解してしまうため、この図で表現した純粋疎外と原生的疎外の乖離（直線A、Bの乖離）はあたかも存在しないかのように取り扱われることになります。逆のいい方をすれば、そうした取り扱い方が現在、メンタル上の大きな問題を引き起こしているということもできると思います。

それから、もうひとつ、原生的疎外と純粋疎外についてお話ししておきたいことがあります。それは『心的現象論序説』での原生的疎外と純粋疎外の概念表記が『心的現象論本論』では変化するというこ

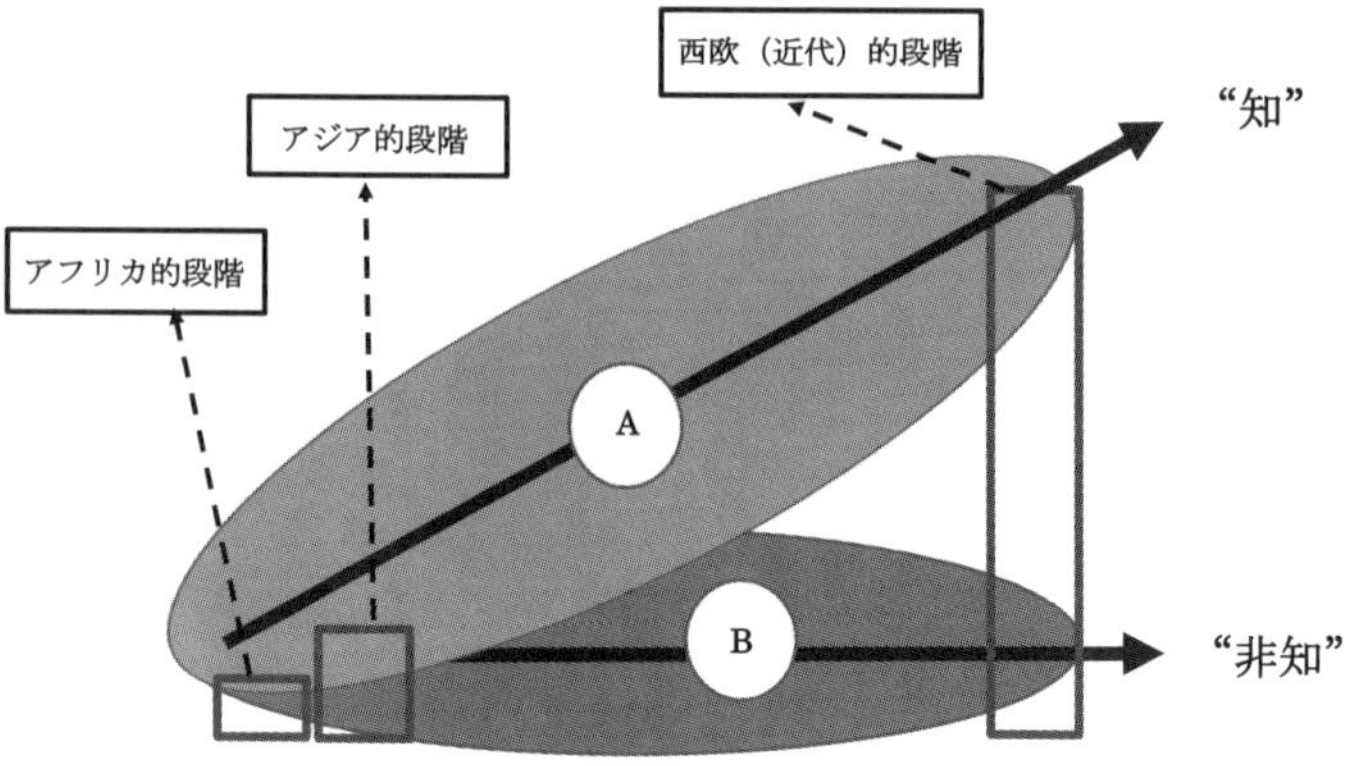

図８ ③　【“知”と“非知”】（文明の外在史と精神の内在史）

とです。

　吉本さんは『心的現象論本論』では、〝原生的疎外〟を〝自体識知〟、〝純粋疎外〟を〝対象化識知〟と表現します。このことによって、原生的疎外と純粋疎外の心的領域の特徴がとても分かりやすくなりますので、本書でも〝自体識知〟、〝対象化識知〟という表現を適宜、用います。ご了承ください。

　この概念表記の変更については「なぜ、吉本さんが序説と本論で表現を変えたのか」という問いが残ります。たぶん、それは心的領域の枠組みに〝疎外〟という言葉ではなく、〝識知〟という吉本さん固有の言葉を当てたかったのだと思いますが、ここではこれ以上そのことに立ち入らず、前に進むことにします。

　人間が動物一般の心的状態（原人以前の段階）であった時、その心的領域は他の生命体と同じく、

〝自体識知（原生的疎外）〟の心的領域しか持っていなかったということです。しかし、人間はそこから〝対象化識知（純粋疎外）〟の心的領域を少しずつ獲得していくことになるのです。そして、そのことによって人間は二重の心的領域をもつのです。

アフリカ的段階とは何か。それは、人間が〝自体識知〟から〝対象化識知〟を獲得した直後の心的段階を意味しています（図8②）。つまり、人間はこの段階に入ることで、動物一般の存在様式に別れを告げることになるのです。『心的現象論本論』で、吉本さんはその別れの場面を次のように語っています。

一般的に、他のすべての自然存在、とりわけ他の動物からの、質的な〈わかれ〉については、類型をかんがえることができそうにおもわれてくる。拒絶や共生願望にもかかわらず、原初の人間は、他の動物たちの世界から孤立した種として〈類別〉される。この〈類別〉の意識は、〈自体識知〉からおもむろにすがたをあらわす〈対象化識知〉によって自覚される。

……（中略）……

もはやどうしても、他の動物と同一の類のうちにとどまることが不可能なようにみえはじめたとき、原初の人間には、呪的な宗教が、いいかえれば自然宗教があらわれる。またいいかえれば、〈自己聖化〉があらわれる。かれらの表出したすべての自然存在が〈聖化〉されるとおなじように、原初の人間の自画像もまた聖化される。かれらは、対象的観念のなかでのみ、すべての自然存在と交感することも〈化身〉することもできるようになる。すべての自然存在からの〈類別〉を疑いえなくなったとき、〈対象化識知〉のなかでのみ自在さを獲得しようとつとめるのだ。

……（中略）……

考古学者や人類学者は、〈原人〉ともいえる段階の人類が、すでに一定の仕方で死者を葬ることを知っていた痕跡があることを述べている。人間は他のすべての自然存在から〈類別〉されたとき、〈死〉の意味を一定の仕方で知ったはずである。かれらは、たぶん〈死〉とは、じぶんたち生者が、死者によって、あるいは逆に生者によって、死者が〈類別〉されることだとかんがえた。そうだとすれば、死者は一定の仕方で〈現世の他界〉に存在しなければならない。これは体験的にいえば、じぶんたちが、動物を含む他のすべての自然存在から〈自然の他界〉へと〈類別〉されたことから、とうぜんたどりついた考え方であったとおもわれる。このようにして現世から〈類別〉された死者は、つぎつぎと〈類別〉の段階を深めてゆく。三十年もたてば、死者はまったく他界だけの存在になる。

……（中略）……

いったん人間へと〈類別〉された原初の人間は、ながい時代を暗欝のうちに過ごした。この暗欝は人類が人間であることを、まったく受容するまでの時間であった。

（『心的現象論本論』身体論　23　頭部像・手足像の起源）

吉本さんはさらりと書いていますが、人類はなぜ、普遍的に自然宗教を獲得することになったのか、なぜ、普遍的に他界や墓地という概念を獲得することになったのか、なぜ、普遍的にトーテミズムという概念を獲得することになったのか、なぜ、普遍的に言語を獲得することになったのか……こうした人類の秘密を吉本さんはこのわずか数十行で解き明かしているのです。人間の起源から解き明かしているのです。

それを一言でいえば、人間だけが原生的疎外（自体識知）の心的領域から純粋疎外（対象化識知）の心的領域を獲得したからだ……ということになります。そのことによって人間は自然存在から〈類別〉されることになるのです。そして、人類は〈類別〉された悲しみによって長い暗欝の時代を通過せざるをえなくなるのです。こうした読み解き方は、原生的疎外と純粋疎外の心的領域の関係を見極めた吉本さんしか語ることができない、とても重要な発言です。これが〝思想の言葉〟なのです。

にもかかわらず、人文科学的アプローチでは「人間の心は二階建て（原生的疎外と純粋疎外）」という考え方を受け入れられないのです。そして、薄っぺらな議論を展開することになるのです。

③「アフリカ的段階」の心性

話をもとに戻します。ここではアフリカ的段階とは何か、そして、この心的世界がどんなものだったのかに焦点をあてます。アフリカ的段階とは、これまで述べてきたとおり、人類が原生的疎外（自体識知）から純粋疎外（対象化識知）に一歩、踏み込んだときの心的世界を指していて、図8③でいえば、直線Bの周辺に存在する心的世界のことです。ちなみにヘーゲルは人類の歴史を直線Aでとらえている（直線Bを消去してしまう）のですが、吉本さんは直線Aに直線Bを交差させて考察しないと、本当の意味での人類の歴史にはならないと考えるわけです。これが吉本さんによる〈ヘーゲル史観の拡張〉です。ここでは、アフリカ的な段階の心性（図8③の直線B）とは具体的にどんなものだったのかを考えてみましょう。

吉本さんは『心的現象論本論』原了解以前（11）の中で文学作品『リトル・トリー』を取り上げ、そのなかで直線Aと直線Bの心の動きを論じています。ここに出てくる〈からだの心《ボディー・マインド》〉が、歴史的には外在（文明）史（直線A）の心の動きを示し、〈霊の心《スピリッド・マインド》〉が内在（精神）史（直線B）の心の動きを示すことになりますが、吉本さんは『リトル・トリー』を引用しながら次のように述べています。

フォレスト・カーターという作家の『リトル・トリー』という作品は、文学としてではなく、原始的な心性の記述としてみると、ちょうど未開や原始の心性の動きを現代の視点から内在的に記述したものに相当していて興味深かった。作者はチェロキー・インディアン出身で、少年のとき山暮らしの祖父母に育てられた自伝的な体験を描写している。祖父母のインディアンとしての生活感覚と心性の世界をその完全な影響下に育てられた少年の眼を通して観察し、学習した体験の記述になっている。正常な未開の心性を異常な現代の心性の振舞いと等価だとみなせる時点をどこかに設定すれば、正常な未開の心性の世界を現代の異常な心性のあらわれとして記述したものと、近似してかんがえることができる。わたしたちがここでこの作品から抽き出したいのは三つのことだ。

（一）心の本性について
（二）鳥や獣たちと未開的な言葉を交換させている感性について
（三）死の未開的な態様について

主人公「ぼく」（仇名リトル・トリー）がじぶんの秘密の場所をお祖母さんに打ちあけた

ときお祖母さんはインディアンは誰でもそんな秘密の場所をもっていると語ったついでに、インディアンの心の本性の見方を語ってくれる個所がある。

祖母は話しつづけた。

「だれでも二つの心を持っているんだよ。ひとつの心はね、からだの心《ボディー・マインド》、つまりからだがちゃんと生きつづけるようにって、働く心なの。からだを守るためには、家とか食べものとか、いろいろ手に入れなくちゃならないだろう？　おとなになったら、お婿《むこ》さん、お嫁さんを見つけて、子どもをつくらなくちゃならないよね。そういうときに、からだを生かすための心を使わなくちゃならないの。でもね、人間はもうひとつ心を持ってるんだ。からだを守ろうとする心とは全然別のものなの。それは、霊の心《スピリッド・マインド》なの。いいかい、リトル・トリー、もしもからだを守る心を悪いほうに使って、欲深になったり、ずるいことを考えたり、人を傷つけたり、相手を利用してもうけようとしたりしたら、霊の心《スピリッド・マインド》はどんどん縮んでいって、ヒッコリーの実よりも小さくなってしまうんだよ。

からだが死ぬときにはね、からだの心《ボディー・マインド》もいっしょに死んでしまう。でもね、霊の心《スピリッド・マインド》だけは生きつづけるの。そして人間は一度死んでも、またかならず生まれ変わるんだ。ところが生きている間、ヒッコリーの実みたいにちっぽけな霊の心《スピリッド・マインド》しか持っていなかったらどうなると思う？　生まれ変わっても、やっぱりヒッコリーの実の大きさの霊《スピリッド・マインド》の心しか持てない。だから、なにも深く理解することはできないんだ。それで、からだの心《ボディー・マインド》がますますのさばるから、霊《スピリッド・マインド》の心はますます縮んじゃって、しまいには豆粒ぐらいになって、見えなくなっちゃうかもしれない。もう霊《スピリッド》をなくしちゃったのとおんなじだよね。そうなったら、生きてるくせに死んでる人ってことになるの。いくらでも見つかるわ。そういう人はね、女の人を見るといやらしいことしか考えない。他人を見ると、なんでもケチをつけたがる。木を見ると、材木にしたらいくらもうかるかってことしか考えない。きれいなことなんかちっとも頭に浮かばないのさ。そんな人がうようよしてるよね。霊《スピリッド・マインド》の心ってものはね、ちょうど筋肉みたいで、使えば使うほど大きく強くなっていくんだ。どうやって使うかっていうと、ものごとをきちんと理解するのに使うのよ。それしかないの。からだの心《ボディー・マインド》の言うままになって、欲深になったりしないこと。そうすれば、ものごとがよーく理解できるようになる。努力すればするほど理解は深くなっていくんだよ。いいかい、リトル・トリー、理解というのは愛と同じものなの。でもね、かんちがいする人がよくいるんだ。理解してもいないくせに愛してるふりをする。それじゃなんにもならない」

以上が、『リトル・トリー』を通して描かれたアフリカ的段階の心性ということができます。ここまでわたしたちは吉本さんの〝思想の言葉〟を、ふたつ取り上げてきました。ひとつは「近未来にアフリカ的段階が立ちあらわれてくるだろう」ということ、もうひとつは「アフリカ的段階の心性とは具体的にはどんなものなのだろうか」ということです。このふたつの〝思想の言葉〟を踏まえて、ここから、わたしの〝生活の言葉〟に入り、次に〝思想の言葉〟と〝生活の言葉〟の交差を試みたいと思います。

〈2〉〝生活の言葉〟

ここから、わたしが精神・発達障害者の就労支援活動で感じたり、考えたりしてきたことを〝生活の言葉〟として述べますが、まず最初に、この活動の輪郭を説明させてください。

① 精神・発達障害者の就労支援とは

わが国で障害者雇用が本格化したのは1980年代からです。背景として消費資本主義の台頭が障害者雇用の流れを本格化させるひとつの要因であったということはできるでしょう。1980年代には身体障害者雇用が、1990年代には知的障害者雇用が、そして2010年代には精神・発達障害者雇用が本格化するのです。

精神・発達障害者雇用だけがなぜ遅れて、21世紀になって本格化したのでしょうか。この問いは大切な問いです。身体障害者雇用、知的障害者雇用に続いて、精神・発達障害者雇用がすぐに本格化しなかったのは、企業サイドの躊躇が大きかったからだと思います。具体的にいえば、身体、知的障害者雇用では、障害者が働くことに慣れるために「職場環境を整えることと当事者の就労スキルを高めること」が重要なテーマになりました。つまり、企業からすれば、障害者の〝仕事を支えること〟が大きなテーマになるのです。このテーマは企業にとっては〝わかりやすい〟テーマでした。なぜなら、企業には〝仕事を支えること〟で、当事者が「仕事をうまく処理できるようになり、そのことで本人が自信をつけ、気持ちも落ちついてくる」という〝就労定着〟のプロセスがはっきり見えていたからです。そして、このことは実は一般就労とまったく同じだったのです。一般就労の場合、職場環境をあらためて整備する必要はあまりないのですが、当事者が「仕事をうまく処理できるようになり、そのことで本人が自信をつけ、気持ちも落ちついてくる」という〝就労定着〟のプロセスは、身体、知的障害者就労と何ら変わりがなかったのです。

しかし、精神・発達障害者雇用は〝仕事を支えること〟だけではうまくいかなかったのです。仕事そのものはすぐに理解し、処理できるようになっても、本人の気持ちが整わないために出社できなかったり、出社しても気持ちが落ち込み、うつむいたまま仕事が手につかない……といったことがしばしば起きたのです。いいかえれば、「当事者が仕事をうまく処理できるようになり、そのことで本人が自信をつけ、気持ちも落ちついてくる」という〝就労定着〟のプロセスがここでは成り立たなかったのです。実際に2010年代から精神・発達障害者雇用が本格化したあとも、やはりこの問題が露呈することになりました。そしてその結果、精神・発達障害者の5割以上の人が就労後1年以内に会社をやめてしまうという事態となったのです。現在の〝精神・発達障害者の就労定着支援〟の活動は、こうした事態をどうすれば打開できるのかという問題意識によって展開されているのです。

②わたしはなぜ、この活動にかかわることになったのか

わたしが〝精神・発達障害者の就労定着支援〟にかかわり始めたのは2012年からですが、最初からこの活動に強い関心をもっていたわけではありません。そもそも「〝就労すること〟が何より大事なことだ」とは思っていなかったし、特に〝就労定着〟という言葉が暗に意味する「一つの会社で働き続けることが大切だ」というメッセージには、ほとんど価値を見出せなかったのです。

しかし、知り合いの人からすすめられ、かかわりをもちはじめると、次第にこの活動にのめ

り込むことになりました。なぜ、のめり込んだのか……今、振り返ると、ふたつのことが大きく作用したと思います。

　ひとつは、精神・発達障害者雇用で「なぜ、周りの支援者が〝就労定着〟にこだわるのか」ということが少しずつわたしにも理解できるようになったのです。精神・発達障害者にとっての〝退職〟は、当事者本人が主体的に選択したものだとはいいがたいのですが、よく考えてみれば、精神・発達障害者にかぎらず、一般就労においてもメンタルで悩んでいる人が結果的に「会社をやめること」は、しばしば起こります。そしてそこでも、当事者が〝退職〟を主体的に選択したとはいいがたいことが起こります。しかし、一般就労の場合は〝退職〟が〝転職〟へと地続きにつながっていくことが多いのですが、精神・発達障害者就労の場合、〝退職〟が〝転職〟へとつながらないことが多いのです。当事者が自罰感でうつむく場面をたくさんみてきました。退職に追い込まれたことを自分のせいととらえ、「やっぱり、私は働くことができないダメな人間なんだ」という思いを背負ったまま、ひきこもり状態になってしまう人を大勢みてきたのです。そうした中で、わたしの〝就労定着支援〟に対する考え方が変わっていったのです。〝就労定着支援〟とは「一つの会社で働き続けることが大事」ということではなく、「その会社で働き続けたいと思う人が気持ちよく働き続けることが大事」ということだ、と思えてきたのです。違う言い方をすれば、〝就労定着支援〟とは、本人が「我慢に我慢を重ねて働き続ける」ことを支援するのではなく、「気持ちよく働き続ける」ことを支援するのだと思えるようになったのです。

もうひとつは、「気持ちよく働き続ける」ための支援ツールに出会ったことです。運よくというか、タイミングよくというか、ほとんどドンピシャで就労定着を支えるツールに出会うことになったのです。

これがＳＰＩＳ《エスピス》という〝ＷｅＢ日報システム〃です。当時の〝業務日報〃は「会社が社員一人一人の体調を管理すること」を目的にしていたのですが、ＳＰＩＳにはこの考えを根底からひっくり返すアイデアが詰まっていたのです。つまり、「当事者が気持ちよく働き続けること」が目的だったのです。そのことを説明したいと思います。ただし、ここで取り上げるのは、あくまでも本章のテーマに関連する部分だけで、〝ＷｅＢ日報システム〃の全容については触れません。もし関心がありましたらネットで検索していただければと思います。(https://www.SPIS.jp)

③ SPIS《エスピス》とは

この〝ＷｅＢ日報システム〃を開発したのは大阪のＩＴ企業、奥進システムという会社です。この会社では、雇用した精神・発達障害者の社員が「安心して気持ちよく働けるようにするためにはどうすればよいか」ということを真剣に考え、これまでの〝業務日報〟の枠組みを劇的に組み替えたのです。これまでの〝業務日報〟は「管理のための会社資料」でしたが、SPISはこれを「社員と会社との対話資料」、いわば「〝交換日記〟のやり取りの場」に組み替えたのです。具体的な仕組みとして、これまでの考え方をふたつ、大きく転換させました。

ひとつは、セルフチェック項目についての考え方を転換させました。セルフチェック項目というのは、当事者本人が日々、チェックする項目のことですが、世の中では一般的にセルフチェック項目とは「標準化された項目（専門家目線で作られた項目）」が当たり前となっているのです。SPISはこれを「本人が自分に役立つと考える項目（当事者目線の項目）」に置き換えることを可能にしました。つまり、精神・発達障害者の人は、専門家（学者、研究者）が考え、設定した「標準化された項目」をチェックするのではなく、当事者本人が「自分の心身を安定させるために日々、何をチェックすればよいか」を考えて作った「本人固有の項目」をチェックすることができるようになったのです。この違い、「どうってことないよ」と思われるかもしれませんが、まったく違います。画期的なことなのです。このことによって、日々のセルフチェックが、本人にとって「会社からいわれたから（仕方なく）やる作業」から、「自分の心身を安定させるために自分にとって大事な項目をチェックする作業」に変化したのです。**表11**のセルフチェック項目比較表は、左の項目が標準化された項目で、右の項目が本人固有の項目です。左の項目は標準化されているため、他者との比較が可能であり、組織が社員を管理するうえでは便利な項目です。これに対して、右の項目は特定の個人が設定した項目であるため、その本人にとっては非常に価値のある項目なのですが、標準化されていないため、組織が社員のセルフチェックを比較するという観点からいえば、まったく役に立たない項目ということになるのです。いいかえれば、組織にとっての有効性を軸に考えるか、個人にとっての有効性を軸に考えるかによって、〝セルフチェック〟の意味がちがってくるのです。当事者本人の有効性を軸に考えれば、日々のセルフチェック項目を左から右にシフトさせることになり、そのことによって、当事者本人の取り組み方が受け身から能動的なものへと変化するのです。

もうひとつは、〝業務日報〟というものは、これまで社内の人間だけでやり取りすることが常識だったのですが、ＳＰＩＳはここに臨床心理士や精神保健福祉士、あるいは精神科医が参加できるようにシステムを組み替えたのです。このことも画期的なことでした。このことによってウェブ上に多様性をもったチームが形成されることになったのです。これまでの〝業務日報〟では〈本人—職場担当者の閉じた対話（二者の対話）〉が土台でしたが、ＳＰＩＳでは〈本人—職場担当者—外部支援者の開かれた対話（三者の対話）〉が土台になったのです。「三者の対話」といえば、個人情報が拡散することを心配される方もおられると思いますが、ＳＰ

表11 セルフチェック項目(例示)

職業性ストレス簡易調査票の項目名(標準化された項目)	当事者本人が設定した項目名(標準化されていない項目)
よく眠れない	過集中の時、休憩が取れたか
食欲がない	朝、「会社に行きたくない」と思ったか
ゆううつだ	人の言葉が突き刺さったか
怒りを感じる	涙がでたか
ひどく疲れた	厳しいなと思った時、人に頼れたか?

ISでは「やり取りの閲覧者」も含めて、当事者の個人情報に接することができる人を特定し、その名前を明示します。明示するというのは、具体的にいえば、当事者の個人情報に接することができる人の名前をSPISの日々の入力画面に実名で表示するということです。つまり、ここに表示されていない人は誰一人、当事者の個人情報に接することはできないのです。いいかえれば、SPIS空間は「三者の対話」という意味では〝開かれた場所〟ですが、同時に、そこに参加できる人が限定されるという意味では〝閉じた場所〟でもあるのです。そのことによって、参加者は安心して自分の悩みや苦しみを話すことができるようになるのです。自分の悩み(苦しさやモヤモヤなど)をSPISで語ることが〝筒抜け〟にならないことを実感できることによって、当事者本人だけでなく、職場担当者や外部支援者も〝生身の自分〟を出しやすくなるのです。

SPISではこうした枠組みによって、これまでのいわゆる〝業務日報〟の枠組みを抜本的に組み替えることになりました。しかし、本当に大事なことは「SPISはすごいツールでしょ!」ということではありません。この後が大事なのです。つまり、ＳＰＩＳという新しい枠組みの中で「どんな対話がなされるのか」ということこそが大事なのです。そのことによって、当事者、職場担当者、外部支援者が成長していくのです。そして、ＳＰＩＳというウェブ上でなされた対話を土台にして、次に現実の職場を〝成果のあがる職場〟〝心が通う職場〟にするための対話が生み出されていくのです。

　こうしたＳＰＩＳの対話を、ここからは精神・発達障害者雇用に限定せず、もう少し広い観点から述べてみたいと思います。実はＳＰＩＳの対話のあり方は、単に精神・発達障害者雇用だけに役立つのではなく、ダイバーシティ&インクルージョン（以下、Ｄ&Ｉ）という多様化した職場の中で必要な対話にストレートにつながっているのです。現在、企業だけでなく、行政機関、教育機関、福祉機関などを含む、あらゆる職場・チームがＤ&Ｉ（多様化）の時代をむかえていますが、ここでの対話のあり方は、20世紀の産業社会での対話の仕方ではもはや通用しないのです。これまでの対話の仕方では、職場・チームはバラバラになっていくしかないのです。「Ｄ&Ｉ時代をむかえた現在、どんな対話が職場で必要なのか」という問いは、「精神・発達障害者の就労支援とは」の項（Ｐ224〜）で述べた「仕事を支える対話」だけでは賄《まかな》えないのです。「仕事を支える対話」に加えて「気持ちを支えあう対話」を職場の機能として組み込むことができないと、職場は生命力を失っていくのです。そのことについて、わたしがＳ

ＰＩＳ活用パンフレットに書いた小論考を掲載します。お読みいただければ幸いです。

④ＳＰ－Ｓが生みだした「新しい時代の対話」

ＳＰＩＳが切り開いた　あたらしい対人支援のかたち

（1）ＳＰ－Ｓの目的

当事者が自分自身の心身の状態（悩みや苦しみなども含め）に向き合い、その内容を支援者（職場担当者、外部支援者）とやり取りすることで、ＳＰ－Ｓの対話が始まります。そして、この対話が約６ケ月間、繰り返されると、当事者の心身の調子、業務遂行力が落ち着いてくることになります。

これまで企業における〝業務日報〟が紙ベースで記録されていたことに対して、ＳＰ－Ｓはウェブ・システムであることが強調されがちですが、実はもっと大事な違いがあります。それは、当事者と支援者（職場担当者、外部支援者）だけの閉じた空間がウェブ上に創り出され、この閉じた空間のなかで三者（当事者、職場担当者、外部支援者）の対話が始まるということです。この対話は、これまでの〝業務日報〟上の対話や、LINE空間の対話とは性質が異なります。SPIS空間の対話には目的があるのです。その目的とは「当事者のセルフチェックを起点として、職場の上司・同僚との本音の対話を通じて関係強化を図り、〝心が通うチーム〟〝成果のあがるチーム〟を目指す」ということです。一言でいえば、対話によって〝心が通うチーム〟〝成果のあがるチーム〟を目指すことになるのです。

（2）SPISの効果

当事者、支援者は一日5分程度の時間をかけてコメントを書きますが、そのコメントのやり取りを約6ケ月間、SPIS空間で続けることで大きな効果が生み出されます。最初の変化は、当事者にとってSPIS空間が安心で安全な居場所になるということです。そして次に、この安心で安全な居場所が当事者にチームの一員としての所属感をもたらすのです。さらにここから、この所属感が現実の職場で貢献したいという当事者の思いへとつながっていくのです。

SPISの対話をもう少し掘り下げましょう。SPISの対話は「世界最小の社会／共同体」を生み出すことになります。ここで大事なことは、この「世界最小の社会／共同体」には人間集団のエッセンスがぎっしりと詰め込まれているということです。だからこそ、当事者はSPIS空間での体験を現実の職場で生かせることになるのです。

SPISの目的のひとつである〝成果のあがるチーム〟を目指すことは、それぞれのメンバー（当事者、職場担当者、外部支援者）が自分の役割を果たすことを必要条件にしています。大ざっぱにいえば、支援者は「当事者が円滑に業務遂行できるようにすること」を役割として担い、当事者は「その支援を真摯に受けとめること」で役割を果たすことになります。ここでの支援者と当事者との関係は、〈教えるー教わる〉〈支えるー支えられる〉という非対称な関係となります。一般的ないい方をすれば、〝リーダーとメンバー〟の関係です。これが社会的な関係性であり、ここで目指す価値は〝成果（効率）〟ということになります。

他方、〝心が通うチーム〟を目指すことは、すべてのチームメンバー（当事者、職場担当者、外部支援者）が自らの役割を手放すことを必要条件にしています。ここでの支援者と当事者との関係は、「ともに支えあい、気づきあい、学びあう」という対称的な関係（フラットな関係）です。一般的ないい方をすれば〝仲間〟の関係です。これが共同体的な関係性であり、ここで目指す価値は〝共生（共創）〟なのです。

今、「成果のあがるチーム」をA、「心が通うチーム」を

Bと置けば、SPISの対話はAとBの間を行ったり来たりすることになります。そして、この行き来が〝成果（効率）〟と〝共生（共創）〟というふたつの価値をつなぐことになるのです。このことが職場運営上の基本的な対話のあり方になっていくのです。

このプロセスのなかで忘れてはいけないことは、SPISによって成長するのは当事者だけではないということです。支援者（職場担当者、外部支援者）も大きな成長を遂げるのです。つまり、当事者が安定し、戦力化すると同時に、支援者（職場担当者、外部支援者）も自分自身の内的世界に気づきながら、チームをとりまとめる力を持った人間として大きな成長を遂げるのです。

このことは考えてみれば当然のことです。一日5分程度とはいえ、毎日、当事者と支援者が約6ケ月間にわたって〝書き言葉〟で対話することは、学びあい、支えあい、気づきあうという成長の過程そのものだからです。

(3) 新しい時代の対人支援

これまで述べてきたことを、障害者雇用の歴史にそって、違う側面から説明したいと思います。戦後日本における障害者雇用は、まず、身体障害者雇用から始まり、次に知的障害者雇用へと展開されましたが、ここでの主要なテーマは、「どうすれば、障害者が円滑に仕事を遂行できるか」ということでした。そして、これを実現するために必要だったのが障害者教育です。これが〝ジョブコーチ〟という仕事の起点であったといえるでしょう。

しかし、障害者雇用が精神・発達障害者雇用へと拡張されるなか、「どうすれば、障害者が円滑に仕事を遂行できるか」に加えて「どうすれば、障害者が職場で気持ちを整えることができるか」が重大なテーマになってきます。この2つのテーマをSPISの目的にそっていえば、前者のテーマは「成果のあがるチームづくり」に、後者のテーマは「心が通うチームづくり」に深く関係しているのです。

1990年代までの日本社会では、前者のテーマは企業組織で志向され、後者のテーマは福祉組織で志向されてきたということができます。つまり、〝労働〟と〝福祉〟とが明確に分離されていたのです。労働は〝成果（効率）〟を、福祉は〝共生（共創）〟を目指していたのです。

しかし、2000年代に入り、産業社会において〝ダイバーシティ〟という価値観が浸透するにつれ、企業は〝成果（効率）〟だけでなく、〝共生（共創）〟を組み込むことが必要になりました。ここから企業における組織構成員の多様化の流れが一挙に加速したのです。この多様化は障害の有無だけではありません。年齢、性別、勤務形態、勤務時間、国籍……あらゆる側面で多様化が加速され始めたのです。これに伴い、新しい課題も生まれました。多様化した組織構成員は職場の中でバラバラになりがちで、チームとしてまとまりにくくなったのです。逆のいい方をすれば、多様化した組織構成員をまとめることが企業組織において非常に重要な課題となったのです。

SPISに話を戻せば、SPISはこうした企業組織の課題を先取りしてチームづくりを行ってきたということができます。SPISが対話によって〝成果のあがるチーム〟〝心が通うチーム〟づくりを目指してきたことが企業の先端の課題解決につながってきたのです。そういう意味でSPISは、これからの時代の〝個人と組織のあり方〟を示唆するツールだといえるでしょう。

ただし、このツールがフルに機能を発揮するためには、これまでの仕事のやり方を大きく転換させる必要があります。Face to Face の〝話し言葉〟によるやり取りだけが大事であるという発想や、定型的な記録・報告に追われ膨大な事務処理をすることが対人支援活動そのものであるかのような思考を転換させる必要があるのです。こうした課題はありますが、対人支援の世界も企業と同じく、新しい時代に突入したことは間違いありません。

〈3〉〝思想の言葉〟と〝生活の言葉〟が出会う場所

①ふたつの言葉（〝思想の言葉〟と〝生活の言葉〟）が交差する

ここまで〝生活の言葉〟として書いてきたことを、吉本さんの言葉を使って説明すると、ＳＰＩＳでは〈当事者のセルフチェック〉が起点となりますが、このセルフチェックは吉本さんの言葉でいえば〝個人幻想〟の表出ということができます。そしてこのことを踏まえて、当事者―職場担当者、当事者―外部支援者、職場担当者―外部支援者という二者のやり取りが始まるのです（対幻想）。さらに当事者―職場担当者―外部支援者でのチームのやり取り（共同幻想）を行うことによって、ウェブ上に「世界最小の社会／共同体」が生み出されるのです。いいかえれば、個人幻想―対幻想―共同幻想の関係構造を、ウェブ上のＳＰＩＳ空間で親和的な関係におくことで「安心で安全な居場所」が生みだされることになるのです。

さらにもうひとつ、つけ加えて説明すると、了解論からいえば、〈仕事を支える〉やりとりは〝体壁系〟のやり取りが主軸になり、〈気持ちを支えあう〉やり取りは〝内臓系〟のやり取りが主軸になるのです。さらに心的疎外論からいえば、〈仕事を支える〉やりとりは〝純粋疎外（対象化識知）〟が担い、〈気持ちを支えあう〉やり取りは〝原生的疎外（自体識知）〟が担うことになるのです。

また、〈仕事を支える〉対話は「ホウレンソウ」という〝意味のやり取り〟が主軸になり、〈気持ちを支えあう〉対話は「相互扶助」という〝心のやり取り〟が主軸になるのですが、D&I時代においては、このふたつの対話を組織の中で変幻自在に展開することが必要となるのです。

② 職場に姿をあらわした「アフリカ的段階」

今回、SPISの実際のやり取りを提示することができませんでしたので、分かりにくい部分があったかと思いますが、「SPISの対話」を吉本さんの言葉に置き換えて表現すれば、〈仕事を支える〉対話は〝西欧（近代）的段階〟の対話だということができます。一言でいえば、〈仕事を支える〉対話は「役割」の対話なのです。そして〈気持ちを支えあう〉対話は〝アフリカ的段階〟の対話だということができます。ここでは「役割」を脱ぎ捨て、生身の人間として対話することになるのです。

吉本さんは『ハイ・イメージ論』の中で「『西欧（近代）的段階』を超えた社会は『アフリカ的段階』を組み込むことになるだろう」と述べました（本章〈1〉〝思想の言葉〟参照のこと）が、〝西欧（近代）的段階〟とは、『心的現象論序説』に基づいていえば、「原生的疎外（自体識知）」と「純粋疎外（対象化識知）」が最も大きく分離（乖離）した段階のことであり、

〝アフリカ的段階〟とは、「原生的疎外（自体識知）」から「純粋疎外（対象化識知）」が乖離した直後の状態で、この乖離がもっとも小さい段階だということができます（図8② P215）。そして、「消費資本主義社会では、この二つの段階が交差することになるだろう」と吉本さんは考えたわけです。私がこの論考で伝えたかったことは、このことが〝人類史〟という抽象化された話ではなく、すでにわたしたちの生活の場で起きているのだ、ということです。

つまり、D＆I時代をむかえた今、わたしたちの働く職場はいたるところで多様化が進行していますが、そうした状況の中で職場・チームがバラバラにならず、一体感をもった職場・チームを維持していくためには、〝西欧（近代）的段階〟な対話の中に〝アフリカ的段階〟の対話を組み込むことが必須の条件になっている、ということをいいたかったのです。

吉本さんが『アフリカ的段階について』に書いていることを引用すれば次のとおりです。

わたしたちは現在の歴史についてのすべての考察をアフリカ的な段階を原型として組み直すことが必須とおもえる。アフリカ的な段階のあらゆる初原的な課題を、すべて内在（精神）史化することが、同時に未来的（現在以後の）課題を外在（文明）史として組み上げることと同義を成す方法こそがこれに耐えうるとおもえる。

（『アフリカ的段階について』Ⅳ）

わたしは小冊子「SPISが切り開いた　あたらしい対人支援のかたち」を書き上げた時、〈仕事を支える〉対話が〝西欧（近代）的段階〟の対話に対応し、〈気持ちを支えあう〉対話が〝アフリカ的段階〟の対話に対応することに気づいていませんでした。ここでいう〈気持ちを支えあう〉とは、「（気持ちを）支える」側と「支えられる」側とが分離された関係ではなく、非分離の関係であることが大事なのだということには気づいていたのですが、そのことが〝アフリカ的段階〟にはつながっていなかったのです。新版『吉本隆明『心的現象論』の読み方』を準備する中で、わたしはようやくそのことに気づかされたのです。

今回、わたしは自分の持ち場である「就労支援」という場で〝アフリカ的段階〟の問題をとりあげましたが、このことは「就労支援」だけでなく、すでにさまざま分野で起きているのです。たとえば、〝サービス〟や〝ホスピタリティ〟と〝おもてなし〟との考え方の違いが現在、あらためて脚光を浴びていますが、その議論の本質は、やはり〝西欧（近代）的段階〟にどう〝アフリカ的段階〟を交差させるのか、ということにほかなりません。

〝サービス〟とは「サービスする」「サービスされる」という主客分離を産業構造の中に持ち込んでいるわけです。そして「サービスする」とは標準化された作業を労働者が賃労働として行うことを意味しています（for me）。これに対して、〝ホスピタリティ〟とは「ホスピタリティされる」顧客が主役であり、「ホスピタリティする」労働者は顧客を個別化したうえで、顧客に応じた対応を行うことを意味しています（for you）。

ここでいいたいことは、〝サービス〟と〝ホスピタリティ〟は主客が逆ですが、主客分離の考え方が土台にあることは共通しているのです。つまり、これはどちらも〝西欧（近代）的段階〟の対話（図8③の直線A　P216）なのです。これに対して〝おもてなし〟は、相互扶助、共創の世界の対話です。主客非分離の考え方が土台なのです（with you）。つまり、これ（主客非分離のやり取り）は〝アフリカ的段階〟の対話（図8③の直線B）なのです。そして、このことが消費資本主義社会の出現によって、あらためて脚光をあびていることが、今、ここでは重要なのです。

今回は時間がなく雑駁な論考となりましたが、もう一度ここで述べたことを整理し、あらためて論じたいと思います。ただ、いずれにしても、すでにわたしたちの社会が新しい時代に突入している……このことはどうやら間違いないことだと思います。

あとがき

本書を締めくくるにあたって、吉本さんの「心の見取り図」が、なぜ私を惹きつけたかということを、あらためて述べておきたいと思います。3つあります。ひとつは、「心のあらゆる現象を根こそぎ見渡したい」という構想の大きさです。もうひとつは、「心とは関係のなかにある」という着想の鋭さです。そして、もうひとつは、「心を外側からではなく、内面に沿って理解する」という立ち位置の確かさです。

『心的現象論』は、ひとりの人間が一生をかけて取り組んだライフワークにふさわしい深みと奥行きをもった書物です。本文で述べたとおり、吉本さんは『心的現象論』を著述し始めて約20年経った時点で、三木成夫さんの「内臓系」「体壁系」という考え方に出会うことになりました。吉本さんにとっては、衝撃的な出来事であったにちがいません。本来であれば、『心的現象論』を書き直したいほどの出来事であったのだと思います。しかし、その経緯《いきさつ》の一部始終を、私たちは『心的現象論』の中で確かめることができます。これも『心的現象論』の魅力なのです。すべてが整合されているわけではないことが、かえって『心的現象論』の底知れぬ深みとなっているのです。『心的現象論』は未完の書です。しかし、吉本さんが切り開いた「共同幻想」「対幻想」「個人幻想」という「心の見取り図」は、時代を超えて生き残っていくにちがいありません。ヒトが母親の胎内から生まれ、2年余りの間、乳児期を過ごす限りはです。

もし、あなたが〝ヒトの心〟について、〈信じる、信じない〉あるいは〈科学、非科学〉という切り口で語ることに何かしっくりこないものを感じるとすれば、『心的現象論』を直接読まれることをお勧めします。あなたはきっと、『心的現象論』に心を揺さぶられることになるでしょう。

無責任に聞こえるかもしれませんが、私は『心的現象論』について、書きたいことを書きたいように書いた気がします。そういう意味では、会社を辞めて『心的現象論』に取り組むことができた〝めぐりあわせ〟に感謝しています。2008年に『心的現象論本論』が発刊されたことも〝幸運〟でしたが、それだけではありません。立教大学の箕口雅博教授をはじめとする大学・会社関係者、多摩大学の常見耕平さんをはじめとする友人、そして、家族の支えがあったからこそ、本書を書きあげることができたのだと思います。箕口教授には、たびたびやっかいごとを持ちこんだにもかかわらず、いつも惜しみなく支えてもらいました。大学にこのような教授が存在すること自体が私にとっては驚きであり、たくさんのことを学ばせていただきました。また、学生時代からの友人である常見耕平さんは、一貫して批判的な立場からではありますが真剣に私に向き合ってくれました。この3年間、まるでマラソンコーチのようにずっと伴走してくれたことに感謝しています。

家族も支えてくれました。私は20数年前、工場の人事担当者として勤務していました。その時、私は良かれと思って実施した人事異動で、ある社員を結果的に追い詰めることになりました。私は自分が不出来な人事担当者であることに悩みました。悩んだ挙句、私は東京カウンセリングスクール（現NPOセスク）に3年間通学し、カウンセリングを学ぶことにしました。そして、その後7年間、川崎と広島で「いのちの電話」相談員として活動することになりました。その頃からです。私が妻に「いつか、臨床心理士の道を歩みたい」と語り始めたのは。しかし、そうはいいながらも自分がどこまで本気なのか、自分でもよくわかりませんでした。気がつけばそういう道を歩んでいた、というのが一番実感に近いのです。ただ、本当にそうした道を歩むことができたのは、間違いなく家族のおかげです。妻は私が会社を辞めることで生活に不安を感じていたにもかかわらず、快く私を第2の人生に送り出してくれました。子どもたちは私の第2の人生をまるで自分のことのように喜んでくれました。こうしためぐりあわせに、なんと感謝していいのかわかりません。

２０１１年7月

新座キャンパスにて

主要な引用・参考文献

・吉本隆明『心的現象論序説』(1971年、北洋社)
・吉本隆明『心的現象論本論』(2008年、文化科学高等研究院出版局)
・橋爪大三郎『永遠の吉本隆明』(2003年、洋泉社)
・三木成夫『胎児の世界—人類の生命記憶』(1983年、中公新書)
・茂木健一郎『脳内現象—〈私〉はいかに創られるか』(2004年、日本放送出版協会)
・茂木健一郎『心を生み出す脳のシステム—「私」というミステリー』(2001年、日本放送出版協会)
・養老孟司『養老孟司の人間科学講義』(2008年、ちくま学芸文庫)
・吉本隆明『母型論—新版』(2004年、思潮社)
・加藤和彦『加藤和彦ラスト・メッセージ』(2009年、文藝春秋)
・森山公夫『統合失調症—精神分裂病を解く』(2002年、ちくま新書)
・吉本隆明・森山公夫『異形の心的現象—統合失調症と文学の表現世界—新装増補改訂版』(2009年、批評社)
・高岡健・浅野弘毅編『うつ病論』(2009年、批評社)
・笠原嘉『精神病』(1998年、岩波新書)

・柴山雅俊『解離性障害―「うしろに誰かいる」の精神病理』（2007年、ちくま新書）
・木村敏『時間と他者／アンテ・フェストゥム論』（2001年、弘文堂）
・木村敏『分裂病と他者』（2007年、ちくま学芸文庫）
・下山晴彦・丹野義彦編『講座臨床心理学1　臨床心理学とは何か』（2001年、東京大学出版会）
・柄谷行人『畏怖する人間』（1990年、講談社文芸文庫）
・クレア・シルヴィア、ウィリアム・ノヴァック、飛田野裕子訳『記憶する心臓』（1998年、角川書店）
・吉本隆明『ひきこもれ―ひとりの時間をもつということ』（2002年、大和書房）
・吉本隆明・よしもとばなな「対談　書くことと生きることは同じじゃないか」（「新潮」2010年10月号）
・吉本隆明『アフリカ的段階について―史観の拡張』（1998年、春秋社）

新版あとがき

この本は『心的現象論』の解説書として２０１１年に出版されたものです。私が初めて書いた本ということもあり、書き始めのころは最後まで書き通せるか、不安でした。しかし、なんとか書き終えることができると、そのあと、２０１３年に『共同幻想論』、２０１７年に『言語にとって美とはなにか』、２０２０年に『マス・イメージ論』の解説書を書くことになりました。

今回、本書は新版として出版されますが、そのことによって吉本さんの主要三部作『心的現象論』『共同幻想論』『言語にとって美とはなにか』についての私の解説書は、すべてアルファベータブックスから出版していただけることになり、著者としては望外の喜びです。

実は、吉本主要三部作に関する解説書はほとんど出版されていません。しかし、思想家として、あるいは詩人として、あるいは批評家としての吉本さんに関する解説書は、それこそ山ほど出版されています。吉本さんが亡くなって10年以上の時間が経ちましたが、いまだに毎年、何冊もの吉本本《ぼん》が出版されています。

こうした現象は不思議だと思われるかもしれませんが、理由はいたって簡単です。一言でいえば、吉本さんの独創的な概念を学問として説明することはとても難しいのです。そのため主要三部作に関する解説書はほとんど出版されていませんが、吉本さんが様々なことについて語ってきた言葉は多くの人の心をつかんで離さないため、吉本本は途切れることなく出版されているのです。

吉本さんが主要三部作で用いた、自己表出―指示表出、個人幻想―対幻想―共同幻想、原生的疎外―純粋疎外という概念は、人文科学的アプローチからではその系譜をたどることができません。これらの概念を理解しようとすれば、吉本さんと直接、向き合うしかないのです。ただ、こういえば「吉本の概念そのものが一人よがりじゃないのか」と思われる方がおられるかもしれませんが、そんなことはありません。考え方の枠組みが根本的に違うだけなのです。

そのことを少し説明させてください。ここでは『心的現象論』で用いられるふたつの概念（原生的疎外―純粋疎外）を取りあげます。なぜ、人文科学的アプローチでは〝心〟を説明する時、原生的疎外―純粋疎外というふたつの概念を使わないのか。この問いにははっきり答えることができます。それは、〝心〟を原生的疎外―純粋疎外に二分割する必要がないからです。つまり、「分割しなければいけない〝エビデンス〟が存在していないから分割しない」のです。この論法は、原生的疎外―純粋疎外だけではありません。個人幻想―対幻想―共同幻想も自己表出―指示表出も同じです。ただ、実はこの真っ当そうにみえる論法こそが怖いのです。

「ヒトにはみんな心があるよね」「みんな国家の中に住んでいるよね」「みんな言葉を使うよね」という誰もが反対できないところから彼らの学問は始まるのです。いいかえれば、〈心・国家・言語の存在を自明のもの〉として、そこから話をすすめていくのです。

ところが吉本さんはまったくちがうのです。〝初源（発生）〟にこだわるのです。「心とは何か」「国家とは何か」「言語とは何か」という問いを〈心・国家・言語の存在を前提にしない〉ところから話を始めるのです。そうすることによって、逆に心・国家・言語の本質がはっきりつかみ取れるというのが吉本さんの考え方なのです。これこそが吉本さんのすごいところなのです。

ここでは〝心〟に焦点をしぼって話をします。吉本さんの〝初源（発生）〟へのこだわりは、具体的にいえば「人間以外の生命体には〝心〟は存在しないということなのだろうか」という問いから始まります。そしてそこから〝原生的疎外〟という「生命体一般の心の原型」を導き出し、次に〝純粋疎外〟という「人間だけの心」を導き出すのです。こうした枠組みを組み立てることが、吉本さんにとってはたいへん重要なことになるのです。しかし、人文科学的アプローチからは逆に「そうすることにどんな意味があるのか」という問いが飛んでくるわけです（実際に彼らは言葉にはしませんが）。ここではそのことを比喩として話しましょう。「人文科学的アプローチの〝心〟は砂に書かれた文字だが、吉本さんの〝心〟は石に刻まれた文字である」と。つまり、砂に書いた文字は風雨に耐えることができず、すぐに消え去ってしまう、もろい存在ですが、石に刻んだ文字は風雨に耐える確固たる基盤を持った存在なのです。そして、そこまで徹底して考えることで〝心〟という概念に生命《いのち》が宿るのです。

ただし、〝初源（発生）〟に関心が持てなければ、〈原生的疎外―純粋疎外の違い〉を識別しようとする行為自体が「わけのわからない、うさんくさい面倒くさいこと」になるのです。そうすると、吉本さんの主要三部作は読めなくなるのです。

＊

本書についてもう少し説明させてください。旧版を読み返してわかったことは、三木成夫の〝内臓系〟〝体壁系〟という概念に私がしつこく喰《くら》いついていたということです。少しオタク的ともいえるこだわり方でした。ただ、そのしつこさに手前味噌ですが「よく頑張ったな」と思いました。旧版を書き終えたとき、私の中には『心的現象論』の中に『共同幻想論』と『言語にとって美とはなにか』が交錯しているという視点は希薄だったと思っていましたが、読み返してみると、無意識にそのことに向き合っている自分の姿を見つけることができました。ですから新版ではそのことがはっきりわかるように加筆修正しました。実は『共同幻想論』『言語にとって美とはなにか』の解説書の中では、そのことを「フレミングの法則」という言葉を使って説明したのですが、本書では「フレミングの法則」という言葉は使っていませんでしたので、言葉を少し付け加えることにしました。

また、それ以外でも旧版を見直して加筆修正したところがあります。私の表現の仕方で気になるところがあったからです。具体的にいうと〝対象化〟〝幻想〟という言葉の使い方がしっかり限定できていませんでした。「こういういい方は適切ではない」「こういう表現はかえって混乱・誤解を招く」と思えたので、新版ではそこに手を入れました。

それから新版では〈補章〉をあらたに書き加えたのですが、ここでは吉本さんの〝思想の言葉〟にわたしの〝生活の言葉〟を交差させることを試みました。なぜ、こういう試みをしようと思ったかといえば、それは高橋順一さんを講師とする「吉本隆明研究会」のみなさんとの長い間のやり取りがあったからです。それがなければ、たぶん、〈補章〉は書き出せなかったと思います。そういう意味で研究会のみなさんにあらためてこの場をかりてお礼申し上げます。

ただ、書き出したのはいいのですが、どういうふうに書いていけばいいのか見当がつかず、数カ月間、右往左往するはめになりました。途中、どこを歩いているのかわからない状態になってしまったので、「今回はいさぎよく〈補章〉を見送ろう」と思ったのですが、編集してもらった結城加奈さんに説得されて、なんとか書きあげることができました。

結城さんには、私の投げやりな論考を丁寧に読んでもらい、また辛抱強く待ち続けてもらい……それでも「言うべきことはいう」というスタンスで向きあっていただいたおかげで、私は少しずつ冷静さを取り戻せた気がします。旧版では早野英彦さん、そして新版では結城加奈さんに本書を引き受けていただいたおかげで、この本はなんとか形を整えることができました。

心からお礼申し上げます。

2023年3月21日

宇田亮一

著者プロフィール
宇田 亮一（うだ りょういち）

臨床心理士、心理臨床ネットワークアモルフ代表、一般社団法人SPIS（エスピス）研究所理事長。

大阪大学経済学部経済学科卒業後、キリンビール㈱山口支社長、㈱キリンビジネスシステム取締役社長、キリンビール㈱横浜工場副工場長。

立教大学大学院現代心理学研究科臨床心理学専攻博士課程前期課程卒業後、立教大学心理教育相談所研究員、横浜地方裁判所労働審判員を経て、現職。

【著書】『吉本隆明『心的現象論』の読み方』（文芸社）、『吉本隆明『共同幻想論』の読み方』（菊谷文庫）、『吉本隆明“心”から読み解く思想』（彩流社）、『吉本隆明「言語にとって美とはなにか」の読み方』（アルファベータブックス）、『吉本隆明『マス・イメージ論』を読む』（小鳥遊書房）、『新装版　吉本隆明『共同幻想論』の読み方』（アルファベータブックス）

【共著】『発達障害の人の雇用と合理的配慮がわかる本』（弘文堂）、（コラム執筆）「SPIS（エスピス）による体調管理と発達障害の特徴のあらわれ方」

新版《しんぱん》　**吉本隆明《よしもとたかあき》『心的現象論《しんてきげんしょうろん》』の読《よ》み方《かた》**
2023年5月25日　第1刷発行

著　者　　宇田亮一
発行人　　春日俊一
発行所　　株式会社 アルファベータブックス
〒102-0072 東京都千代田区飯田橋2-14-5
Tel 03-3239-1850　Fax 03-3239-1851
website http://alphabetabooks.com　e-mail alpha-beta@ab-books.co.jp

装　幀　Malpu Design（宮崎萌美）
印　刷　株式会社 エーヴィスシステムズ
製　本　株式会社 難波製本
用　紙　株式会社 鵬紙業

ISBN 978-4-86598-107-0　C0010

宇田 亮一 著

新装版　吉本隆明『共同幻想論』の読み方

最高の吉本入門書！「なぜ集団を意識した人間は個人を押しつぶすのか？」吉本隆明が『共同幻想論』で追求した問題を、臨床心理士の著者が「人間の心のありかた」としてとらえ、わかりやすく読み解く！ 二〇一三年に菊谷文庫から刊行、入手困難になっていた名著を新装版として復刊！

四六判並製　定価1980円（税込）　ISBN978-4-86598-102-5（22・10）

宇田 亮一 著

吉本隆明「言語にとって美とはなにか」の読み方

刊行以来50年間、詳細な解説書がなかった難解の書をまるごと読みとくはじめての手引書。ソシュール言語学から日本の短歌、詩、小説、演劇まで…あまりに深く、幅の広い思想の道案内書として、吉本隆明独特がゆえに難解となっている要点をおさえ「吉本隆明が何をいいたかったのか」に迫る！

A５判並製　定価2750円（税込）　ISBN978-4-86598-026-4（17・01）

YUSK（ユウスケ）著

鍵盤に指を置くとき　トゥレットは僕の個性

自分の意思にかかわらず、身体が動いたり声が出てしまったりする神経疾患「トゥレット症候群」。8歳で発症後、チック症状に悩まされ、生きていくうえで様々な困難にぶつかりながらも、ピアニストとして、人間として成長していったYUSKがその人生を綴る!!

四六判並製　定価1980円（税込）　ISBN978-4-86598-106-3（23・05）

大脇 利雄 著

フェレンツ・フリッチャイ　理想の音楽を追い続けて

ドイツを中心にヨーロッパやアメリカで活躍したハンガリー出身の指揮者、フェレンツ・フリッチャイ。戦争、音楽界での対立、そして病…多くの困難に直面しながらも、自らが理想とする音楽を追い続け、その中から特異な芸風を創り上げていった名匠の生涯を辿る。

四六判並製　定価3190円（税込）　ISBN978-4-86598-105-6（23・02）

焦 元溥 著　森岡 葉 訳

時代を超えて受け継がれるもの　ピアニストが語る！

《現代の世界的ピアニストたちとの対話 第五巻》

大好評の人気シリーズ第5弾！イェルク・デームス、パウル・バドゥラ＝スコダ、メナヘム・プレスラー、ユジャ・ワン…計15人の世代を超えた世界的ピアニストたちが長時間インタビューに応じ、芸術、文化、政治、社会、家庭、人生について語る！

四六判並製　定価3960円（税込）　ISBN978-4-86598-099-8（22・12）